즐겁게 일하는 사람은 1%가 다르다

즐겁게 일하는 사람은 1%가 다르다

서형덕 지음

직장인의 성과와 행복을 모두 잡는 40가지 비법

이담
Books

즐겁게 일하는 사람은
1%가 다르다

초판인쇄 2018년 4월 30일
초판발행 2018년 4월 30일

지은이 서형덕
펴낸이 채종준
기 획 조가연

펴낸곳 한국학술정보(주)
주소 경기도 파주시 회동길 230 (문발동)
전화 031-908-3181(대표)
팩스 031-908-3189
홈페이지 http://ebook.kstudy.com
E-mail 출판사업부 publish@kstudy.com
등록 제일산-115호 2000.6.19

ISBN 978-89-268-8376-1 03040

　나는 사면이 산으로 둘러싸인 시골 마을에서 2남 6녀의 막내아들로 태어났다. 8남매의 막내로 많은 사랑을 받았으며 감나무 꼭대기에서 해지는 모습 바라보기, 강가에서 얼음 배 만들기, 산에서 소 먹이 주며 감자 구워먹기와 같은 놀이로 어린 시절의 동심을 채워갔다.

　지금은 폐교가 된 초등학교에서 3명의 누나와 같은 학교를 다녔다. 공부보다는 놀이가 우선이었고 경운기를 운전하며 부모님의 농사일을 도우면서 땀의 소중함을 배웠다. 중학교 시절의 교통사고 이후에 시내로 전학을 가게 되었고, 누나들과 자취생활을 시작했다. 자취를 할 때 신문배달을 해서 돈을 벌었고, 버스비를 아끼려 학교를 걸어 다녔다. 전학한 시내의 중학교에서 '촌놈'이라는 소리가 듣기 싫어서 기를 쓰고 공부해서 우등상을 받았다. 그리고 시내의 명문 고등학교에 입학했다.

　고등학교 시절에는 공부에 대한 명확한 기준이 없었고 내 인생의 코치도 책을 보라고 조언하는 사람도 없었다. 고등학교 1, 2학년을 평범하게 보내며 우등생에서 평범함을 경험했고, 2학년 겨울방학 때부터 '이제는 공부를 해야 할 때다.'를 느껴서 모든 발걸음을 공부로 옮겼다. 공부로의 발걸음은 전교 100등 밖에서 33등으로 성적이 급상승하는 결과를 낳았다. 그리고 한 가지 목표에 몰입했던 고3 때의 경험은 지금 내가 인생을 살아가면서 '꿈을 이루기 위한 노력의 척도'로 자리 잡게 된 것이다.

대학시절에는 농사를 지으시는 부모님의 짐을 덜어 들이려 기를 쓰고 장학금을 탔다. 나에게 대학이란 곳은 삶의 이정표를 세우기보다는 직장을 위한 관문으로 느껴졌었다. 우연히 학교에서 보내준 미국 어학연수는 '삶에서 무엇이 중요한가?'를 뼈저리게 고민하는 계기가 되었다. 하지만 삶을 위한 고민의 시간보다 졸업은 너무나 빨리 다가왔고, 고생하시는 부모님을 위해 취업이라는 문을 통과하는 것이 우선이라 생각했었다. 그래서 2002년 쌍용자동차에 입사하게 되었다.

현재는 세 아이를 키우는 대한민국의 40대 행복한 가장이다. 하지만 쌍용자동차에서의 15년은 쉽지만은 않았다. 삶의 불균형 속에서 균형을 잡아가는 과정이었다. 첫 직장의 기대는 잠시였고, 차량개발과 문제해결 전문가로 닥쳐오는 일들을 해결하기에도 바쁜 나날이 계속되었다. 엎친 데 덮친 격으로 회사의 어려움과 대량해고 사태로 '남은 자와 떠나야 하는 자'로 나눠지고, 가정의 위기까지 겪어야 했다. 하지만 힘든 순간마다 자신을 비추는 거울인 책을 사랑했고, '힘들 때 더 힘들어 봐야 한다.'는 각오로 한길을 걸어왔다.

역경의 무대인 회사의 어려움에 많은 사람들이 떠났다. 파업 속에서 회사와 가정을 지키기 위한 몸부림과 사회와 자본의 불균형에 희생양이 되어가는 직장인의 삶을 뼈저리게 느꼈다. 모든 일에 최선을 다했지만 자신의 힘만으로 세상을 움직이는 데는 한계가 있었다.

힘든 일을 만나면 나는 더 깊이깊이 내 안으로 '나'를 찾아 들어갔다. 그리고 내가 걸어가는 길에는 항상 책이 있었다. 책을 통해 자신과 일, 일과 가정, 나와 사회, 그 속의 사람들을 비춰보며 깨달음이 생겼고, '행복한 회사'를 만들기 위해 주변의 어려움을 들어주는 사람이 되어갔다.

어려움 속에서도 직장생활과 가정의 균형을 위해 최선을 다했고, 아이를 너무나 좋아해서 세 아이의 아빠가 되었다. 보물과 같은 아이들과의 시간은 너무나 빨리 지나갔다. 소중한 시간에 대한 아쉬움에 의미를 담고 싶어 '나는 아이들의 성장을 지지하는 올바른 코치이자 열렬한 응원단장이다.'라는 역할을 스스로에게 부여했고 노력했다. 이런 노력으로 나는 직장과 가정의 균형을 유지하며 가족의 행복을 위해 최선을 다하는 대한민국 '40대 대표 가장'임을 자처하게 되었다.

직장생활과 아이의 육아를 병행하며 남은 인생을 고민했다. 깨달음이 무르익을 때쯤 '회사는 사람을 가장 빨리 어른으로 성장시키는 무대다.'는 결론에 이르게 되었다. 회사에서는 자신의 일에서 성과를 내야 하고, 성과를 통해 자신을 증명할 때만이 진정한 일의 주인으로 인정받는다. 또한 사람과의 관계에서도 '괜찮은 사람, 열정적인 사람, 긍정적인 사람, 겸손한 사람'과 같은 제대로 된 평가의 주인이 되어야만 비로소 진정한 어른으로 성장한다는 것을 깨달은 것이었다. 그리고 의문이 들었고 바람이 생겼다.

'왜 똑같이 일해도 성과가 다를까? 누군가는 성과의 주인이 되어 진정한 어른으로 자라고 다른 누군가는 성장을 멈추어 버릴까? 왜 이런 차이가 일어나는 것일까?'

이런 의문 속에서 책을 쓰겠다는 결심을 했다. 그리고 책 속에 '내가 힘들었던 경험을 후배와 다른 사람들이 또다시 그런 경험을 하지 않았으면…… 지금까지 힘든 상황을 이겨내고 겪었던 소중한 사람들과 가족들이 보다 더 행복해졌으면……' 하는 바람을 담았다.

차
례

1

왜 똑같이 일해도
성과가 다를까?

01 왜 똑같이 일해도
성과가 다를까?

우리는 모두 특별한 존재다. 누군가의 남편, 누군가의 부모, 누군가의 아들이고 딸인 것이다. 그리고 이 세상을 즐기며 살아야 할 바로 '나'인 것이다. 나 또한 사랑스런 세 아이의 아빠, 목숨과도 같은 한 여자의 남편, 그리고 어머니 아버지의 소중한 아들이다. 이렇게 소중한 우리들은 세상이란 무대에서 자신을 빛내기도 하고 때로는 자신의 평가가 아닌 '누군가'의 평가에 의해 자신의 가치를 잊어버리기도 한다.

세상이란 무대는 일과 관계로 이루어졌다. 그리고 우리는 가장 치열하게 변해버린 '직장'에서 많은 시간을 쏟고 있다. 나의 경우 약 15년 전 지금 다니는 쌍용자동차에 인턴으로 입사했다. 3개월의 인턴 기간을 거쳐 정직원으로 채용되어 지금까지 한 직장에 다니는 것이다. 내가 입사한 2002년 당시 회사는 채권단에 의해 운영되는 워크아웃 상태였다. 하지만 '대한민국 1%'라는 마케팅 전략, 탁월한 디자인과 성능을 갖춘 렉스턴의 인기로 회사의 상황은 점점 더 나아지고 있었다. 그리고 바쁜 하루하루를 보내며 첫 월급을 받았다.

　누구나 첫 월급의 설렘과 의미를 가지고 있을 것이다. 나 또한 첫 월급을 받았을 때 떠오른 많은 기억들이 있다. 나는 중학교 시절부터 시골에서 시내로 전학하여 누나와 같이 자취를 했다. 버스비를 아끼려고 학교를 걸어 다녔고, 신문배달로 한 달에 몇 만 원을 벌었었다. 대학교 때 막노동을 하면서 모자란 생활비를 벌기도 했으며, 군대 가기 전에 타지에서 막노동을 하다가 얼굴에 화상을 입어 입원도 했었다. 온 얼굴이 딱지로 뒤덮였고, 소독약 냄새가 아직까지 기억에 남는다. 껍질이 벗겨지기 전까지 너무 흉한 얼굴 때문에 부모님이 걱정하실까봐 연락도 못했다.

　2주 후에 퇴원을 하고 햇볕을 받으면 안 되는 상황이었지만 친구와 같이 모자를 눌러쓰고 막노동을 했다. 그리고 군 입대 전 우여곡절 끝에 벌게 된 50만원을 부모님의 손에 쥐어 드렸다. 이런 돈과 땀에 대한 기억 때문인지 첫 월급이 통장에 들어 왔을 때 시골에서 농사로 2남 6녀를 키우시느라 온갖 고생을 하신 부모님의 얼굴이 제일 먼저 떠올랐다. 그리고 나는 제대로 된 직장에서 나의 노력과 땀으로 받은 이 첫 월급이 나의 성과이며 내가 비로소 '어른'이 되었다는 것을 느꼈다.

　직장생활을 시작한 후에 결혼을 하고 난 이후 든든한 남편, 어엿한 세 아이의 아빠가 되면서 40대 가장의 책임을 누구보다 느끼고 있다. '한 명의 아이를 키우면 하나의 세상을 보게 되고, 두 명의 아이를 키우면 두 개의 세상을 보게 된다.'는 말이 있듯이 나는 가정에서는 세 개의 세상을 보며 하루하루를 기발한 이벤트 속에서 살고 있다. 또한 직장에서는 엔지니어라는 관점을 넘어 진정한 회사의 주인으로 자신의 일에서 행복을 즐기는 진짜 어른이 되어가는 중이다.

어른은 '다 자라서 자신의 일에 책임을 질 수 있는 사람'을 말한다. 자신의 인생에 책임을 져야 하는 것이다. 서구 사회에서는 개인의 독립을 통하여 자신의 인생에 책임지는 것을 삶의 우선순위로 생각한다. 하지만 우리나라의 경우 유교문화로 인해 자신을 포함한 부모, 자식, 남편, 회사의 구성원과 같은 역할에서도 책임을 다할 수 있는 사람을 진정한 어른이라는 칭하는 것이다.

진정한 어른은 스스로 생각의 주인이 되고, 책임을 지는 삶의 주인을 말한다. 하지만 우리나라처럼 '스스로 생각의 주인이 되는 것을 막는 교육 시스템'에서 어른이 된다는 것은 쉽지 않다. 공부를 해야 하는 뚜렷한 목표 없이 많은 시간을 보내기 때문이다. 나 또한 우리나라의 교육제도 속에서 많은 시간을 보내왔다. 그래서 대학에 들어가거나, 회사에 지원할 때도 뚜렷한 목표를 세우지 못했던 것 같다. 단지 공부를 하고 회사를 빨리 들어가 농사를 지으시는 부모님의 어깨를 가볍게 해드리는 것이 내가 가진 유일한 이유였다.

하지만 회사에 입사하고 한 직장에서 15년을 근무하다 보니 느낀 것이 있었다. '회사는 사람을 가장 빨리 어른으로 성장시킨다.'는 것이었다. 회사에서는 자신의 일에서 성과를 내야 하고, 성과를 통해 자신을 증명할 때만이 진정한 일의 주인으로 인정받는다. 또한 사람과의 관계에서도 괜찮은 사람, 열정적인 사람, 긍정적인 사람, 겸손한 사람과 같은 제대로 된 평가의 주인이 되어야만 비로소 진정한 어른으로 성장한다는 것을 깨닫게 되었다.

진정한 어른에 대한 정의를 내릴 때쯤 의문이 들었다. '같은 직장에 다니고, 같은 시간 동안 일을 하는데 누군가는 진정한 어른으로 자라고, 누군가는 자신의 인생에서 성장을 멈추어 버릴까? 왜 이런 차이가 일어나는 것일까?'라는 생각이 나의 머리를 흔들었다. 이런 생각에 대한 대답을 찾기 위해 내가 회사에서 겪은 일을 돌이켜 보고 새롭게 정의해야 했다.

1997년 쌍용자동차는 대우그룹에 인수된 이후에 1999년 8월 대우사태를 끝으로 워크아웃에 들어갔다. 1997년 공채사원을 마지막으로 2002년이 되어서야 다시 공채사원을 뽑기 시작하였다. 나는 2002년 하반기에 정직원이 되었다. 회사가 어려움을 겪고 난 이후 두 번째로 뽑은 신입사원이었다.

부서에 배치되어 바로 업무를 맡았다. 인원이 부족한 상태에서 워크아웃을 이겨내고 있던 고참들의 짐을 나누어 지고 가야 했다. 그래야만 힘든 터널을 지날 수 있었기 때문이었다. 고참들과 갓 입사한 신입사원들은 모두 정말 정신없는 하루하루를 보냈다. 하루하루 밀려드는 일과 그 일속에는 피할 수 없는 많은 책임이 포함되어 있었다. 그때는 '책임'이 정말 징글징글했다. 너무 바쁜 부서였고, 너무나 많고 다양한 일을 해야 하는 팀이었기에 힘든 시절이었다. 그 시절 많은 신입사원과 고참들이 회사를 떠나갔다. 고난에 힘겨워하며 떠난 사람도 있었고, 더 좋은 회사를 찾아 떠난 사람도 있었다. 그리고 남은 사람들이 있었다.

남은 사람들은 '작지만 강한 쌍용자동차'가 되어 가정을 지키고, 회사를 지켜야 했다. 두 번의 회사 매각과, 대량해고라는 처참한 상황을 겪으면서 자신의 자리에서 책임을 다해야 했고 성과를 내야 했다. 그리고 힘든 상황에서도 자신의 인생의 주인이 되고 회사의 주인이 되기 위해 안간힘을 써야 했던 것이다.

때로는 회사생활을 하면서 힘든 상황을 겪는다. 나 또한 마찬가지였다. 하지만 그럴 때마다 자신의 자리에서 책임감을 느꼈고 힘들어도 끝까지 맡은 바 일을 해냈다. 힘든 순간에는 단지 '이겨내야 한다.'는 생각에만 사로잡힌 시절이 많았고, 자신의 인생보다는 회사를 위해, 팀을 위해 많은 시간을 보낸 시절도 있었다. 하지만 지금은 더 나은 미래를 위해 징글징글 하다고 생각했던 '책임'에 손 내밀 때가 많다. '내가 힘들었던 경험을 후배와 다른 사람들이 또다시 그런 경험을 하지 않았으면……, 지금까지 힘든 상황을 이겨내고 같이 겪었던 소중한 사람들과 가족들이 보다 더 행복해졌으면……' 하는 바람이 스스로 '적극적으로 책임지는 나'를 만들었다. 그리고 이런 경험들이 새로운 미래로 나아가는 방법을 이해하는 토대가 되었다.

책임은 새로운 도전을 위한 용기를 불러온다. 성과를 결정짓는 일의 주인에서 인생의 진정한 주인으로 살기 위해서 책임이 필요한 것이다. 사람들은 똑같은 일상, 똑같은 일을 반복하다 보면 누구나 자신의 일만 하고 싶고 지신이 익숙한 것만 하려는 경향이 있다. 하지만 이런 자세로는 항상 새로운 일과 마주하는 인생에서 주인공이 되지 못한다.

진정으로 자신의 인생에 주인이 되고 싶으면 적극적으로 책임져야 한다. 자신의 삶에 적극적으로 책임지는 사람들은 자신의 일에서 새로운 도전을 찾아다닌다. 새로운 일에 끊임없이 도전하여 자신을 성장시키는 것이 진정으로 자신의 인생을 사랑하고 책임지는 방법임을 그들은 알고 있다. 그리고 그 책임 뒤에 따라오는 성과와 자신의 행복을 일치시켜서 기적 같은 삶을 체험하게 되는 것이다.

우리는 일에 대한 사랑으로 책임을 다하여 진정한 성과의 주인이 되어야 한다. 제대로 된 성과들로 자신의 삶을 채워 인생을 제대로 즐겨야 한다. '자신의 인생을 사랑하고 책임을 다해 즐길 것인가? 아니면 회피할 것인지?'라는 질문에 대한 대답은 누구도 해주지 않는다. 오로지 자신의 선택이다. 그 선택만이 진정한 성과의 주인이며 인생의 주인으로 거듭나게 하는 것이다.

당신의 삶을 살아가는데 오로지 두 가지 길이 있다고 아인슈타인은 말했다.

"하나는 어떠한 기적도 없다며 살아가는 인생길이 있으며,

또 하나는 '인생' 그 모든 것이 기적이라며 살아가는 인생길이 있다."

우리는 직장, 가정, 사회, 그리고 나와의 관계 속에서 인생이란 작품을 만들어 간다. 그리고 그 속에서 일어나는 일과 관계의 중심에서 '자신'이 선택할 수 있는 두 가지 길을 바라보게 된다. 하나는 긍정적인 관점으로 자신의 인생을 기적처럼 즐기는 것이고, 다른 하나는 부정적인 관점으로 자신의 진짜 인생과 마주하는 것을 회피하며 사는 것이다.

자신의 일과 인생에 사랑의 눈빛을 줄 수 있는 사람은 오직 자신 뿐이다. 사랑의 눈빛으로 용기를 내어 긍정적인 책임의 씨앗을 뿌려야 한다. 긍정적인 눈빛으로 뿌린 씨앗과 부정적인 눈빛으로 뿌린 씨앗은 분명 다른 열매를 맺는다. 열매를 원한다면 방법은 긍정적인 '책임의 씨앗'을 뿌려서 인생이란 작품을 만드는 과정을 시작하는 것이다. 그리고 그 여정에서 우리는 씨앗을 뿌리는 주인도 열매의 주인도 바로 '자신'이라는 사실을 항상 기억해야 한다.

02 내가 일한만큼 상사로부터
인정받고 있는가?

니체는 말했다.

"사람의 가치는 타인과의 관계로만 측정될 수 있다."

우리는 일과 삶이라는 경계를 넘나들며 관계를 맺으며 살아간다. 남편과 아내, 부모와 자식, 친구사이, 선후배, 동료, 회사와 구성원, 회사와 고객 등 무수히 많은 관계 속에서 살고 있는 것이다. 이런 관계 속에서 자연스럽게 평가라는 잣대가 생겨난다. 부모와 자식처럼 가족 간의 관계에서 평가의 잣대는 그 사람의 신뢰의 정도를 판단하기보다 더 큰 성장을 위한 인정의 동기로 사용된다. 하지만 평가가 따르는 관계 중에서 가장 냉철한 관계가 있다. 그것은 바로 회사와 구성원 간의 관계인 것이다.

회사는 철저하게 성과로 평가한다. 팀으로 평가를 하고, 구성원 개개인을 평가하기도 한다. 평가에는 기준이 있다. 평가의 기준은 곧 회사의 기준이며 고객의 기준이고 상사의 기준이다. 다시 말해 회사, 고객, 상사의 요구에 부합하는 제대로 된 성과만이 신뢰를 쌓고 이런 신뢰가 모여서 좋은 평가를 받게 되는 것이다.

내가 근무하는 곳은 생산기술부문이다. 생산기술부문 중에서도 완성차의 생산과 최종 품질을 확보하는 부서에서 일을 한다. 가장 많은 사람들과 부딪히고, 가장 많은 사람들의 이목을 받는 부서에서 일하기 때문에 사람에 대한 스트레스를 많이 받는다. 이런 부서에서 진정한 나를 찾기 위해 고민한 적이 있었다.

우리 팀은 다른 팀에 비해 평가를 잘 못 받는 경우가 많았다. 각 부서의 특성과 성과의 가치를 고려하지 않은 결과물에만 치중한 평가 제도 때문이었다. 예전의 팀장, 고참들과 이야기를 하면서 고참들은 이런 말을 했다. "우리 팀은 성과를 드러내는 방법을 연구해야 한다. 우리 팀은 사람을 상대하고, 사람으로 성과를 내야 하는 팀이야. 하지만 이런 성과에 대해 제대로 인정을 못 받은 게 사실이다. 팀원의 50프로 전력을 사람과의 관계로 이루어진 일을 처리하는데 쏟는데 이런 부분에 대한 평가를 받지 못 했어. 또한 우리는 시스템 엔지니어지만 이런 시스템적인 일을 처리하고 평가하는 방법을 만들어서 윗사람들에게 제대로 된 평가를 받았어야 했는데 고참들이 그런 걸 못했다. 미안하다."

예전 팀장님과 고참들의 이야기가 절실히 이해가 되었다. 다른 팀의 경우에는 회사 전체에 대한 기여도 측면에서는 우리 팀보다 낮았고, 사람과 사람 사이의 관계에서도 스트레스를 덜 받았다. 하지만 팀이 맡은 분야에서 전문성을 발휘하고 성과를 두드러지게 하는 탁월한 기술이 있었다. 한마디로 말하면 자신들의 업무에 전문성을 더 부각시켜 1장의 보고서를 10장의 보고서로 만드는 기술이 있었고, 업무의 다양성보다는 반복을 통한 체계적인 프로세스도 잘 부각시켰다. 사람과의 일보다는 로봇으로 하는 일이 많았고, 설비를 하는 업체의 도움을 많이 받을 수 있어서 어떻게 보면 우군이 많은 팀이었다. 또한 팀 업무보고와 MBO 보고 시 어마어마한 자료로 자기 부서의 성과를 표현하였다. 하지만 우리 팀의 경우 바쁜 나머지 성과를 담당 중역에게 제대로 전달을 못했고 제대로 된 인정을 받지도 못했다. 그때 우리 팀에도 그런 이야기가 나왔다.

"저희도 업무성과에 대해 매번 보고하고, 업무자료를 모아서 보고하는 게 어떻겠습니까? 매번 이렇게 일은 일대로 하면서 제대로 된 인정을 받지 못하는데 무슨 전략이라도 있어야 되는 거 아닌가요?"

팀장과 팀원들도 이런 것을 알고 있었다. 하지만 정말 다양한 분야의 책임을 맡은 팀이었기에 중역의 인정보다는 고객이 원하는 핵심에 집중했다. 고객이 원하는 훌륭한 차를 만들고 많은 생산부서의 사람들이 원활하게 자신의 일을 할 수 있는 터전을 만드는데 집중했던 것이다. 하지만 끊임없이 인정에 대한 질문이 내 머리에 맴돌았다. '인정을 포기해야 하나? 인정에 대해 눈치보고 갈망하기보다 차라리 나의 그릇을 키우는 것이 낫지 않을까?'라는 질문을 스스로에게 던졌다. 그리고 결심했다. 현실이라는 장벽 속에서 나의 시간을 투자하여 인정을 갈구하느니 진정한 나를 찾기로 결심한 것이었다.

나 자신을 찾는 길에는 책이 있었다. 책 속에서 인정에 대한 욕구를 뛰어넘어 진정한 자신을 찾는 것에 몰두했고 자신을 성장시키는데 집중했다. 하지만 얼마 지나지 않아 '나만 성장하고 나만 인정받는다고 우리 팀이 인정받는 것은 아니다.'는 생각이 들었다. 더불어 이렇게 제대로 인정받지 못하는 팀 분위기가 계속되면 환경이 인간을 지배할 수도 있다는 두려움까지 느꼈고, 나의 윗사람과 내가 인정받지 못하면 성장해야 할 후배도 우리 팀도 인정을 받을 수 없다는 생각이 들었다. 그래서 마침내 '그래 제대로 일해서 인정 한번 철철 넘치게 받아보자. 그 인정이 철철 넘쳐흘러서 앞으로 미래를 책임질 후배의 성장에 밑거름이 되게 하자.'라는 결론을 내렸던 것이다.

회사에 다니는 사람이라면 평가와 인정에 대한 고민을 한번쯤은 했을 것이다. 이런 고민 속에서 항상 뗄 수 없는 단어가 있다. 그것은 바로 '상사'라는 단어다. 자신과 팀이 제대로 된 평가를 받지 못한다는 것은 분명히 이유가 있는 것이다. 그 이유는 바로 '상사와 회사의 성과기준'에 제대로 부합하지 못하기 때문이다. 특이하게 상사가 팀별 성과의 가치를 제대로 파악하지 못한다면 그것 또한 상사와 팀의 기준을 일치시키는 커뮤니케이션에 소홀한 것이고 노력을 안 한 것이다. 상사와 제대로 성과기준을 통일하고 이런 기준에 부합하는 일을 했을 때만이 진정한 성과를 인정받는 것이다. 더불어 그 이상의 성과를 보여줘야 한다는 것을 잊어서는 안 된다.

한번은 팀의 평가에 대해 인사팀장과 면담을 한 적이 있었다. 그때 인사팀장이 말한 성과와 인정에 대한 5가지 조언이 있었다.

첫째, 상사를 이해하라. 상사는 여러 가지 일을 효율적으로 처리해야 하는 바쁜 사람이다. 신입사원은 처음에 배우고 일을 해야 하기 때문에 회사에서 보면 돈을 들여서 키우는 것이지만 상사는 회사에 돈을 벌어다 주는 사람이다. 자신보다 몇 배의 가치를 하는 사람이라는 것을 인정하고, 더 바쁘다는 것을 이해해야 한다.

둘째, 상사의 모든 것을 배워라. 상사의 자리는 그냥 주어지지 않는다. 상사는 인생의 주옥같은 경험을 겪으면서 그 자리까지 올라간 것이다. 그 경험을 뛰어넘는 경험과 혜안을 가지지 않았다면 상사로부터 모든 장점을 배운다는 각오로 상사를 대하라. 그런 태도에서부터 상사의 인정은 시작되는 것이다.

셋째, 쓰디쓴 조언을 자신의 옥석으로 만들어라. 상사의 조언은 자신의 경험을 이야기하는 것이다. 자신의 실패경험 성공경험을 후배에게 가르쳐 주는 것이다. 조언을 받을 가치가 없거나, 애정이 없는 후배에게는 어떤 조언도 하지 않는다. 만약 조언을 받았을 때는 곧바로 수정해서 상사의 조언이 제대로 실행되었다는 것을 인지시켜야 한다. 이런 태도에서 신뢰와 애정이 쌓이는 것이다.

넷째, 상사를 대할 때는 항상 마음가짐을 단정히 하고 진심으로 만나라. 사람을 대할 때 그 사람을 존경하는 마음과 무시하는 마음, 모두 사람의 얼굴에 무의식적으로 드러난다. 그렇기 때문에 상사를 만나기 전에 자신의 마음을 먼저 들여다보고, 배운다는 자세를 항상 유지해야 한다. 정중하고 소신 있는 의견은 필요하지만 자만은 절대 금물이다.

다섯째, 상사의 기준에 팀과 자신의 기준을 맞춰라. 상사의 기준에 맞지 않는 팀과 구성원은 당연히 제대로 평가를 잘 받지 못한다. 상사의 가치 기준, 팀의 가치 기준, 회사의 가치 기준이 맞지 않은 때가 문제다. 하지만 이때도 우선순위는 상사의 가치 기준이다. 상사가 보고서 100장을 원한다면 100장을 쓰고 10장을 원한다면 10장을 쓰는 것이다. 상사의 가치 기준에 맞추어 제대로 된 성과를 인정받는 것이 최우선이다. 그리고 '가치 기준의 차이'에 대해서는 별도로 분석하고 정리해서 자신만의 비밀 프로젝트를 만들어 보고하라. 그러면 상사도 당신의 성장에 또 다른 인정을 선물할 것이다.

누구나 일을 하면서 평가에 자유로울 수는 없다. 회사와 고객, 상사와 나, 나와 후배 등 모든 관계에서 평가는 존재하며 사장이라도 평가에서 자유로울 수 없는 것이다. 이런 평가들 중 자신의 직장 생활에 가장 많은 영향을 끼치는 것이 상사의 평가이다. 자신의 평가에 가장 많은 영향을 미치는 상사에 대한 존경과 배움의 마음을 가지고 일을 한다면 결국 상사의 인정은 자신을 향하게 되는 것이다.

'승자의 주머니에는 인정이 있고, 패자의 주머니에는 불만이 있다.'고 한다. 승자는 자신의 무지와 잘못을 인정함으로써 성장하게 되지만, 패자는 자신의 무지와 잘못의 화살을 남에게 돌린다. 직장에서 자신의 무지에 가장 많은 화살을 보내는 사람은 바로 상사다. 그렇기 때문에 상사를 진정한 스승으로 삼는 것이 성과를 인정받는 최선의 방법이다.

탈무드에 보면 '성공한 사람은 남에게 관대하지만 자신에게는 너그럽지 못하다.'고 이야기한다. 진정한 성과를 인정받으려는 사람은 끊임없이 자신에게 화살을 향하게 해서 쇄신하고 쇄신해야 한다. 이런 화살만이 진정한 자신의 빛을 밝히는 열쇠이며, 화살을 쏘아주는 상사의 고마움을 가져야 할 이유인 것이다.

03 '열심히'와 '성과'는
   더 이상 같은 말이 아니다

사람들이 일상이라는 단어 속에서 바쁜 삶을 살아간다. 부모들은 보다 더 나은 삶을 위해 직장을 다니며 돈을 벌고, 보다 더 좋은 교육을 위해 아이들과 씨름한다. 또한 학생들과 취업 준비생들은 좁디좁은 문을 통과하기 위하여 불철주야 바쁘게 뛰고 있는 것이다.

이런 '바쁨'이란 단어는 우리나라 사람들에게는 '난 정말 열심히 살고 있어.'라는 단어이자 '난 열심히 살고 있으니까 괜찮아.'라는 근거 없는 안도감을 주었던 시절이 있었다. 하지만 현재와 미래는 스마트하게 일을 처리하며, 새로운 관점으로 본질을 파헤칠 수 있는 역량을 요구하고 있다. '왜 바쁘게 일하는가?'라는 질문을 끊임없이 던져서 열심히 일하는 것이 아닌 제대로 된 성과를 중심으로 일하기를 현재와 미래는 원하고 있는 것이다.

나에게 '바쁨'이란 단어는 조금 다르게 느껴진다. 2005년에 신공장건설과 신차종개발 프로젝트를 동시에 진행해야 했다. 365일 중 358일을 출근하면서 일하고 기숙사에 지쳐 쓰러져 자는 날들이 반복되었다. 2002년 이후 입사한 6명의 사원들 중 4명이 회사를 그만두거나 이직을 한 상황이었다. 나에게도 헤드헌터에게서 전화가 왔고, 최종 면접 후에 합격 통보를 받았다. 주변 사람들은 보다 더 좋은 연봉과 안정적인 대기업이라는 것에 이직을 권유했다.

회사에 입사를 한 이후 정말 바쁘게 열심히 살아왔다. 하지만 정말 중요한 '나의 인생이 어디로 가고 있는지? 지금의 선택 이후에 나의 삶은 어디로 갈 것인가? 나는 무엇을 위해 사는가?'라는 질문을 나에게 던지지 못했다. 사표를 쓰는 과정은 나의 인생을 처절하게 바라볼수 있는 기회를 주었다. 내 인생을 통째로 흔들어 놓은 고민은 이직보다는 어려운 상황 속에서도 배움이 많은 지금의 직장에 남는 것을 선택하였다. 그리고 나에게 남은 한 가지는 '열심히만 해서는 답이 없다. 제대로 된 방향을 세워야 한다.'라는 한줄기 메시지였다.

회사에서도 보면 정말 '열심히' 일하는 사람들이 많다. 자신의 가정과 인생을 위해서는 대부분의 사람들이 열심히 살고 있다. 하지만 열심히 일을 하는 목적이 무엇이고, 그 목적이 성과에 부합하는가를 물으면서 일하는 사람은 얼마나 될까? 아무리 많은 일을 했더라도 자신이 한 일이 어떤 영향력을 미치고, 어디로 향해야 한다는 명확한 기준이 없다면 시간의 가치는 퇴색되는 것이다.

'어떻게 일해야 하는가?'를 고민하다 보면 대기업의 주야 생산라인을 담당하는 다른 스타일의 두 팀장이 생각난다. '열심히'란 말이 떠오르는 이 팀장은 아침 일찍 일어나서 야간 근무자와 매일 인사를 하고, 주간에 출근하는 사람들과 아침에 청소를 시작하며 하루를 시작했다. 매일 업무 회의와 결산 회의를 주최하고, 그날의 실적과 중요한 문제점들에 대한 해결 방안을 논의했다. 대규모 생산 팀의 특성상 일과 후에는 각종 모임이나 술자리가 많아서 정말 바쁜 하루하루를 지냈다.

업무 스타일이 다른 최 팀장은 팀원들의 시간과 자율성을 소중하게 생각했다. 전임 팀장이 진행하던 일일 결산 회의를 없애고, 업무 회의를 간소화 하였으며, 중요한 사안은 그때그때 바로 처리를 했다. 회의를 줄이고 일일 결산을 없애서 매일 회의 자료를 준비했던 현장의 관리자들에게 '시간'을 마련해주었다. 또한 관리자와 현장 감독자들에게 위임을 통하여 일의 신속성과 자율성을 보장했던 것이다.

"일일 결산에서 나오는 문제들 중 대부분이 부주의로 나오는 문제입니다. 일일 보고 자료를 준비하는 시간에 다른 파트의 사람들과 문제 발생 즉시 논의해서 대안을 찾으세요. 그리고 지속적으로 나오는 문제들은 관리자들이 철저히 분석해서 근본적으로 바꾸세요. 지원과 책임은 제가 집니다. 지금까지는 관리를 위한 관리로, 생각할 시간이 없이 열심히만 해왔습니다. 저는 열심히보다는 제대로 핵심적인 일에 그 시간을 투자해주시기를 당부 드립니다. 그리고 마지막으로 일과 후에 술자리 많이 만들어서 저 좀 그만 부르세요. 술을 자주 먹어서 일이 안 됩니다. 하하하"

두 팀장의 생각의 차이는 확연히 다른 현장 분위기를 만들었다. FM과 같은 하루를 사는 이 팀장은 정형화 되고 관례적인 일처리로 현장의 평범한 일상을 더욱 평범하게 만들었다. 문제해결이 지연되었고, 회의는 '자신의 잘못이 아니다.'는 것을 증명하는 회의로 변해갔다. 그럴 때마다 현장과 관리자들은 "열심히 하고 있습니다."라는 말뿐이었다.

최 팀장으로 바뀌면서 많은 것이 변했다. 현장의 관리자들에게 시간이 주어지면서 그들은 생각하기 시작했다. "시간이 없어요."라는 핑계와 "열심히 했는데….'라는 변명도 줄어들었다. 바쁜 일상에서 문제만 해결하기 바빴던 관리자들에게 자율성과 시간이 부여됨으로써 업무 방식에도 변화가 일어났다. 문제에서 회피하고, 자신의 문제가 아닌 것을 증명하는 자기중심적 관점에서 벗어나 문제가 발생하면 다른 파트의 사람들과 즉시 논의해서 해결책의 방향을 정하거나 그 자리에서 문제를 해결했다. 또한 사무실 관리자들도 문제의 재발방지나, 사전예방을 위한 핵심적인 일에 시간을 투자하여 제대로 된 성과의 방향을 찾기 시작했다.

'두 팀장의 차이를 만든 것은 무엇 때문일까?' 우선은 '시간'에 대한 관점이다. 단지 정해진 시간 동안 열심히 일하는 것이 아니라 '시간의 주인'으로서 자율성을 가지고 자신의 시간을 투자한 것이다. 이렇게 '시간에 대한 자율성'은 일한 시간으로 성과를 말하는 것이 아니라 진정한 성과의 의미를 스스로 고민하게 했다. '회사와 고객의 입장에서 자신이 무엇을 해야 하지? 내가 어떻게 해야 제대로 된 성과를 낼 수 있을까?'라는 질문을 스스로 던지게 만들어 성과의 방향과 의미가 중요하다는 것을 스스로 깨닫게 한 것이다. 이런 깨달음은 시간의 주인으로서 '왜 내가 이 일을 해야 하나?', '무엇을 위해 이 일해야 하나?'를 일깨워 주었다. 일한 시간으로 자신의 성과를 말하는 것이 아니라 고객과 회사의 입장에서 진정한 성과를 판단할 수 있는 시각을 키워준 것이다.

다음은 '공간의 주인'에 대한 관점이다. 문제가 발생했을 때 그 공간을 지배하는 사람은 바로 현장 담당자다. 현장 담당자가 문제가 발생된 상황을 그 자리에서 해결하지 못하면 추가적인 문제와 손실이 발생한다. 그래서 현장 담당자가 문제가 발생된 공간을 지배하는 리더로서 책임과 권한의 주인공이 되어야 하는 이유인 것이다.

마지막은 일의 방향 설정에 대한 믿음이다. 일의 성과는 회사라는 내부고객과 제품을 구입하는 고객에게 일의 방향이 맞춰질 때 제대로 된 성과를 발휘한다. 결국 현장 담당자가 스스로 일의 방향을 설정할 수 있다는 믿음에서의 차이가 성과의 차이로 이어진 것이다.

회사는 우리에게 열심히 일하는 것을 바란다. 하지만 열심히만 일하는 것을 바라지는 않는다. 일을 열심히 하는 것은 자질을 평가받기 위해 필요하지만 진정한 성과를 인정받기 위해서는 또 다른 관점을 필요로 한다.

누구나 '열심히'를 외치지만 성과를 인정받지 못한다. 그 이유는 바로 전체를 바라보는 관점의 차이에 있다. 일과 시간, 공간에 대한 올바른 관점으로 회사와 상사가 바라는 성과에 일의 방향을 맞출 때 만이 '열심히'를 뛰어넘어 진정한 성과를 빛내는 주인공이 된다는 것을 잊어서는 안 될 것이다.

04 일에 지배당하지 말고
일을 지배하라

"안녕하세요, 요즘 어떻게 지내세요?"

"안녕하세요, 잘 지내세요?"

회사에 입사하여 신입사원 때부터 지금까지 현장이나 다른 사무실에서 사람을 만나면 인사를 하고 다닌다. 인사를 하고 안부를 물으면 십중팔구는 "바빠", "그저 그래.", "어! 힘들어요.", "요즘 죽겠어요."라 대답하며, 한 명 정도는 "잘 지내지."라고 대답한다. 하루는 100명 넘는 사람에게 인사를 하며 "잘 지내세요?"라고 웃으면서 인사한 적이 있었다. 100명 중 90명은 의기소침한 대답이나 부정적인 대답을 했고, 10명 정도만이 긍정적인 대답을 했다. 10명 중에서도 단 두 명만이 환하게 웃으면서 "나야 즐겁게 살지.", "나야 항상 즐겁게 살아."라고 말해주었다. 이런 현상은 비단 우리 회사뿐만 아니라 대부분의 직장에서 "요즘 어떻게 지내세요?"라는 말을 건네 보면 겪게 되는 비슷한 상황인 것이다.

왜 대부분의 사람들이 바쁘다고 이야기하고 힘들다고 이야기하는 것일까? 다들 바쁘게 일하고 있지만 '제대로' 일을 하고 있는지를 고민하지 않는다. 회사에 다니면서 누구나 바빠서 한번이라도 고민에 찬 얼굴을 해보지 않은 사람은 없을 것이다. 하지만 어떤 사람은 자신이 바쁘다는 것을 자랑으로 생각하는 사람이 있다. '나는 바쁘니까 바쁜 것을 표현하는 것은 당연해. 이렇게 바쁘게 일하는 모습을 보면 나의 가치가 드러날 거야.'라는 마음에 사로잡히고 무의식중에 인상을 쓰게 된다. 일에 끌려 다니며 우왕좌왕하는 모습과 비효율적으로 일하는 방식이 무의식중에 자리 잡게 되고, 때로는 습관이 되어 버리는 것이다.

"생각하는 대로 살지 않으면 결국에는 사는 대로 생각하게 된다."고 폴 브루제는 말했다. 이 말을 접했을 때 섬뜩한 느낌이 들었다. '자신의 삶이 닥치는 대로 살고 있다면 얼마나 힘들고 앞날이 보이지 않을까?'라는 생각 때문이었다.

일에서도 마찬가지다. 닥치는 대로 일하며 닥치는 대로 산다면 자신의 미래가 얼마나 어두울까라는 두려움이 엄습했다. 그리고 '우리는 어떻게 일을 지배해야 한단 말인가? 닥치는 대로 살지 않기 위해 어떻게 일을 해야 하는 것일까?'라는 질문을 스스로에게 던지게 되었다.

고민 끝에 일을 지배하기 위해서는 '선택을 해야 한다.'는 결론을 내렸다. '일을 끌고 갈 것인가? 일에 끌려 다닐 것인가?'를 스스로 결정 해야 하는 것이다. 나 또한 사원 시절에 너무 바쁜 나머지 많은 시간을 일에 끌려 다녔다. 경험이 부족한 상태에서 전체적인 일의 흐름을 지 배하는 것은 쉬운 일이 아니었다. 하지만 나의 인생이었고 나의 일이 었다. 그래서 끊임없이 배우고, 개선하기를 반복하며 자신만의 방식으 로 일을 지배하는 여정을 선택했고, 지금도 그 길을 가고 있는 것이다.

'2015년 티볼리 출시', '새로운 시장의 창출', '2015 최고의 명차', '쌍용자동차 신차 중 최 단기간 10만대 돌파'와 같은 많은 이슈를 만 들어낸 티볼리는 쌍용자동차 흑자전환의 일등 공신을 담당한 최고 의 차였다. 이 차를 출시하기 전에 각 부문에서 정말 많은 노력과 땀 을 흘렸다. 그중에서 나는 차량의 외관 품질 TFT의 리더를 맡았다. 초기 디자인 선정단계, 최적의 외관품질을 위한 설계 구조 확보, 다 른 부품들 간의 최적 고객 품질확보를 담당하였다. 기존 프로젝트에 서는 차량 앞부분의 외관 품질은 우리 팀에서, 뒷부분은 다른 팀에서 진행하였다. 두 팀이 진행을 하다 보니 전체를 파악하는데 문제가 생 겼다. 명확한 프로세스가 정해지지 않은 상태에서 일을 진행하였고, 여기에서 책임의 공백이 생겨나기 시작했다.

'이런 책임의 공백이 발생하는 프로세스상에서는 똑같은 문제가 또 발생할 거야. 어떤 다른 방식이 필요해.'라는 생각이 꼬리에 꼬리 를 물었다. 그래서 내린 결론이 '한 팀에서 전체적인 외관품질에 대한 책임을 지고 전체적인 일을 지배하자.'라는 결론을 내렸다. 이렇게 해서 프로세스상의 문제를 해결하기 위하여 TFT가 구성되었다. 인력부족이 절실한 상황이었지만 회사의 명운이 걸린 프로젝트였기 때문에 더욱더 집약적으로 일을 할 수밖에 없었다.

처음에 팀장은 외관품질을 확보하는 전체 업무를 우리 팀에서 끌고 나가는 것을 부담스러워 하였다. 나에게도 부담스러운 도전이었다. 하지만 과거 프로젝트의 모습과 미래의 모습을 비교하고, 개선된 프로세스에 대한 계획을 공유하면서 '한번 해 보자'로 팀의 의견이 모아졌다. 회사의 인력충원이 없는 상태여서 TFT구성원과 최대한 협업을 통하여 핵심에만 집중해야 했다. 품질을 결정하는 핵심 구조를 분석하고 초기 품질확보를 위해 새로운 개념의 설계구조를 반영했다. 핵심 요인에 집중하여 프로젝트의 성과를 지배하기 위하여 끈질긴 노력으로 우리는 일어나지 않은 품질수준을 도면에서 예상하기 시작했다.

핵심 설계구조가 반영된 제품이 나오면서 품질에 대한 검증작업을 실시하였다. 그 결과 이전 차종보다 좋아진 초기품질을 확인할 수 있었다. 또한 추가로 나온 개선사항에 대해서는 제품의 품질육성 절차를 고려하여 단계별로 계획을 세우니 전체적인 품질확보에 대한 자신감이 생겼다. 마지막에 예기치 않은 돌발변수가 생겨서 TFT팀원들이 모두 한마음 한뜻으로 고생은 했지만 팀원들이 초기에 예상했던 수준보다 좋은 품질로 '티볼리'는 고객의 품에 안기게 된 것이다.

일을 한다는 것은 회사의 가치 있는 상품을 위한 역할과 책임을 맡고 있다는 것이다. TFT팀으로 티볼리 프로젝트를 진행할 때 외관 품질에 대한 책임과 역할을 가진 명확한 조직이 있었다. TFT차원의 명확한 책임과 권한으로 원활한 인적, 물적 자원을 활용하여 전체적인 일을 지배하였다. 또한 명확한 최종 품질목표를 설정하여 문제에 대한 신속한 의사결정으로 프로젝트를 원활히 이끌었던 것이다. 그 결과 티볼리는 고객의 품에서 성과를 인정받을 수 있게 되었다. 그리고 더욱 더 소중한 것은 '전체적인 시각으로 고객이 원하는 방향을 파악하여 성과를 이룰 수 있는 핵심에 화살을 집중해야 한다.'는 깨달음이었다.

일에는 방향이 있다. 회사와 상사가 원하는 방향이 있고, 고객이 원하는 방향도 있다. 이 방향이 제대로 통일되어야 낭비 없는 일이 되고 성과의 방향도 모아지게 된다. 하지만 일의 방향이 고객이 원하는 방향과 맞지 않으면 제대로 된 성과를 내지 못하고 무수히 많은 문제점과 만나게 된다. 문제는 일의 공백에서 발생한다. 문제가 발생하면 전체적인 일정에 영향을 주게 되고, 목표에 대한 집중력도 흐려지게 된다. 그렇기 때문에 문제점을 최소화하고 올바른 일의 방향으로 가기 위한 지도가 필요한 것이다. 그 지도가 바로 계획이며 프로세스인 것이다.

나는 가끔씩 프로젝트를 진행하며 정리했던 나의 계획과 프로세스를 후배들에게 이야기해준다.

"나는 프로젝트를 진행할 때 사전계획과 프로세스를 작성해보는 것이 중요하다고 생각해. 사전계획과 프로세스는 지도와 같은 거야. 요즘은 내비게이션과 같은 거지. 비행기가 목적지를 향해 운항할 때 비행시간의 90%가 넘는 시간을 정상궤도에서 벗어나 있지만 목적지에는 정상적으로 도착한대. 그 이유는 바로 조종사들과 내비게이션 시스템이 정상궤도를 운항하도록 끊임없는 항로를 수정하고 돌발 상황에 대처하기 때문이래. 일에서도 마찬가지야.

일을 하면서 목표한 곳에 정해진 시간 내에 도착하기 위해서도 내비게이션이 필요한 거야. 일에서 목표를 달성하기 위한 내비게이션이 바로 사전계획이며 프로세스인 거야. 이 자료는 나의 경험을 정리한 거야. 한 프로젝트를 진행해봤으면 이제는 스스로 자신의 일에 대한 계획을 한번 해 볼 수 있어야 해. 그 동안 힘들게 일하고 먼 길을 돌아왔다면 한번쯤은 자신을 길을 비추는 등불을 가지고 한번 일을 해 봐. 혹시 궁금한 것이 있으면 묻고, 자신의 일에 대해 한번쯤 정리해서 보여줘. 빠진 것이 있는지 체크해줄게."

일에 지배당하는 것이 싫지만 일에 지배당하는 경험을 누구나 가지고 있을 것이다. 나 또한 비슷한 경험을 했고 일에 휘둘리는 후배를 보며 안타까운 마음이 들었다. 그리고 그 답을 '시간을 벌어 주는 계획'에서 찾은 것이었다.

'계획을 통해 프로젝트를 시작한다.'는 것은 전체적인 결과물을 상상하며 일을 진행하는 것이다. 초기의 실현가능하고, 창의적인 계획은 전체성과의 80프로 이상을 좌우한다. 하지만 이런 계획이 없거나 빈약하면 일을 흐름을 지배할 수 없다는 것이고 닥치는 대로 일을 하게 된다.

'계획을 위한 한 시간은 실행을 위한 세 시간을 절약시켜 준다.'는 말이 있다. 일의 시작에 첫 단추를 제대로 끼지 못하면 먼 길을 돌아간다. 하지만 전체를 바라보는 계획이라는 내비게이션으로 일을 현명하게 시작함으로써 자신의 소중한 시간을 절약할 수 있는 것이다.

일의 성과를 좌우하는 것 중에서 가장 중요한 자원은 시간이다. 계획은 시간을 지배함으로써 일을 지배하게 되고, 자신의 마음을 풍요롭게 할 수 있는 여유를 마련해준다. 이제는 제대로 "안녕하세요, 오늘 어떻게 지내세요?"라는 인사말에 "나야 항상 즐겁게 일하고 재미있게 지내지."라고 화답해야 하지 않을까?

05 성과 내는 사람은
따로 있다

"자기야! 언제 들어와?"

"아! 회식이 길어지네. 조금만 있다 갈게."

"자기야! 언제 들어와?"

"지금 2차 왔어. 미안해 조금만 있다가 갈게."

김 대리는 어제 회식이 있었다. 매일 야근에 바쁘지만 회식에는 빠지지 않는다. 바쁜 생활 속에 자신의 일을 잠시나마 잊을 수 있고, 사람들과 뒷담화를 하고 불평불만을 안주로 술을 마신다. 술을 먹고 쓰린 속에 아침도 제대로 챙겨 먹지 않고 회사에 출근한다.

"아암. 어제 너무 술을 많이 마셨는지 피곤하네. 잘 들어갔어? 난 한 시 넘어서 들어가서 와이프와 싸웠다."

김 대리는 술을 과하게 먹고 제대로 잠을 자지 못해 퉁퉁 부은 눈으로 모니터를 보지만 어젯밤 아내와 싸운 생각에 일이 손에 잡히지 않는다. 그리고 오늘 또 야근이다.

회사에서는 일을 하고 사람을 만나다 보면 회식을 하게 된다. 바쁜 생활 속에 지쳐있던 사람이 활력을 찾고 못 다한 이야기를 나누기도 한다. 하지만 회식에서 활력을 얻기보다는 술이 술을 부르고 불평이 불평을 낳는 상황을 종종 겪게 된다. 간단하게 시작한 회식이 다음 날에 지장을 주게 되고, 자신도 모르는 사이에 야근을 밥 먹듯 하는 습관으로 자리 잡게 되는 것이다.

심리학, 철학, 종교에서 밝혀낸 가장 위대한 메시지는 '사람은 대부분의 시간 동안 자신이 생각하는 바로 그 사람이 된다.'는 사실이다. 술을 생각하는 사람은 술을 먹는 사람이 주변에 생기게 되고, 성공하기를 바라는 사람은 성공을 찾아다니는 사람들이 주변에 생겨나게 된다. 자신의 생각으로 끌어들인 모든 것이 생활이 되고 습관이 되며, 그 습관이 자신의 인생을 만드는 것이다.

2012년 '애니팡'이란 모바일 퍼즐 게임이 대한민국을 뒤덮었다. 서비스 시작 74일 만에 다운로드 건수 2,000만을 돌파하였다. 국내 사용자만으로 다운로드 수 2,000만을 넘긴 게임은 애니팡이 처음이었다. 국내 스마트폰 가입자 수를 감안할 때 스마트폰 이용자 세 명

중 두 명이 애니팡을 다운받은 것이었다. 그 당시를 상상하면 지하철, 버스, 심지어 회사에서도 온통 애니팡을 하는 사람들이 많았다. 카톡으로 게임이 퍼지고 온통 하트를 달라는 사람들의 메시지가 끊이지 않았다. 기록게임이고 경쟁게임이어서 2명, 3명이 한 조가 되어 하나의 게임을 같이 진행하는 사람들을 회사에서도 심심치 않게 보게 되었다. 게임의 접근성, 기록, 경쟁심, 재미라는 요소가 결합하여 사람들의 관심과 시간을 끌어당긴 것이다.

나 또한 그 당시 게임을 했다. 통근버스 안에서 게임을 하고 회사의 점심시간에도 게임을 하였으며, 동료들과 경쟁을 하면서 게임에 빠졌었다. 하지만 결국 게임으로 올라간 레벨은 나의 황금 같은 시간을 뺏어갔고, 하나의 교훈을 주었다. '내가 생각하는 것이 내 주변에 생겨나고 모여든다.'는 것이었다. 애니팡을 하는 사람들 옆에는 애니팡을 하는 사람들이 모여들고, 주식을 하는 사람들 옆에는 주식을 하는 사람들이 모여든다. 또한 책을 쓰는 사람들 옆에는 책 쓰는 사람들이 모여들며 성공하고 싶은 사람들 옆에는 성공한 사람들이 모여들게 되는 이치다.

회사에서도 마찬가지다. 성과를 내고 효율적으로 일하며, 최고의 직원이 되고 싶은 사람들 옆에는 최고의 직원이 모여든다. 그들은 서로의 강점을 지지해주고, 서로의 약점을 보강하며 개선하는 사람이다. 오픈 마인드의 소유자로 부정적인 생각보다는 긍정적인 생각을 하며 힘든 상황에서도 기회를 끌어들이는 현명함을 지닌 것이다. 반면 부정적인 생각을 가지고 불만에 쌓인 사람들 주변에는 불만을 가진 사람들이 모이게 되고, 누구의 시간이 아닌 자신의 시간을 불평불만을 하면서 허비하고 있는 것이다.

회사에서 존경하는 선배와 이야기를 하다가 개선되지 않는 프로세스에 대해 이야기를 한 적이 있었다.

"요즘은 조금 허탈한 생각이 많이 듭니다. 누구보다 열심히 제대로 일을 하려고 노력하고, 많은 의견을 내놓았지만 그냥 부하직원의 이야기를 흘려버리는 윗사람들에게 이제는 지쳐 갑니다. 간담회 때나 업무를 할 때 개선이 필요한 부분과 지원이 필요한 부분을 저는 적극적으로 제안합니다. 직원들이 그런 제안을 힘들게 말하면 최소한의 피드백은 있어야 하는 것 아닌가요? 부하의 소리와 직원의 소리에 귀 기울이지 않으면 도대체 윗사람은 뭐하라고 있는 겁니까?" 라고 이야기를 하자 선배는 나에게 이렇게 이야기해주었다.

"요즘 많이 힘든가 보네. 나도 회사에서 일하다 보면 불평불만이 생길 때가 있어. 그런데 말이야 불평불만을 한다고 절대 문제가 해결되지는 않더라. 나도 윗사람들에게 제안을 많이 해봤지만 쉽게 개선되지 않아. 곰곰이 생각해보니 조금은 이해가 가더라. 대부분의 윗사람들은 어떻게 보면 상부 지향적이야. 밑의 사람들의 이야기보다는 윗사람을 잘 보필하는 것을 더 중요하게 생각하고 있다는 말이야.

그렇기 때문에 밑의 사람들의 이야기에 세심하게 관심을 갖고 귀 기울이는 사람들이 많이 없다는 이야기지. 그래도 포기하면 안 돼. 윗사람들이 이야기를 들어주지 않는다고 그만두면 더 이상 회사는 발전이 없어. 미래를 이끌어나갈 새로운 생각을 가진 사람들이 어떻게든 회사의 정책에 그들의 생각을 반영해야 하는 거야.

나는 진짜 멋진 윗사람을 만나거나 나쁜 윗사람을 만나면 그 사람들의 배울 점과 고쳐야 할 점을 기록해 놔. 처음에는 사람을 평가한다고 생각해서 조금은 기록하는 것을 망설였는데 지금은 아랫사람들은 필히 적어야 해. 그 사람의 본받아야 할 점을 찾고, 고쳐야 할 점을 찾아 적어서 자신이 그 위치에 섰을 때 본받아야 할 점을 따라 하고, 고쳐야 할 점을 절대 따라하지 말아야 해. 그래야지만 너의 미래도 있는 것이고, 회사의 미래도 있는 것이니까. 그리고 잘 보면 욕먹는 팀장이나 임원들을 보면 한 가지씩 비장의 무기를 가지고 있더라. 그 무기들을 너의 것으로 만들어. 그리고 버릴 것은 버려. 좋은 것만 따라 해도 자신의 꿈을 펼치기에는 모자란 인생이잖아. 힘내고."

회사에서 팀장, 임원, 부사장, CEO에 오른 사람을 살펴보면 자신이 가진 한 가지 무기가 있다. 관우의 청룡언월도처럼 자신만의 특별한 보고방식, 꼼꼼함, 조직관리, 사교성, 협상력과 같은 그 사람만의 차별화에 성공한 사람인 것이다. 또한 더 꼼꼼히 살펴볼 것은 그 사람들의 습관이다. 어떤 습관을 통하여 자신의 성과를 부각시켜 그 자리에 오르게 되었는지를 살펴야 하는 것이다.

사람을 관찰하고 그 사람을 냉정하게 바라본다는 것이 어쩌면 못할 일이라고 생각될 수 있다. 하지만 그렇게 생각하지 마라. 사람들은 첫 대면에서 첫 인상을 결정하는 데는 0.1초의 시간이 걸리며, 그 사람을 평가해서 '저 사람은 이런 사람이구나!'를 판단하는 데는 30초 정도의 시간이 소요된다고 한다. 누구나 판단을 하고 누구나 평가를 한다는 것이다. 하지만 그 판단과 평가의 과정에서 중요한 것이 있다. 그것은 바로 본받을 점과 버릴 점을 취사선택할 수 있는 이성을 잃지 않아야 하는 것이다.

나 또한 선배의 진심어린 충고를 들으면서 불평불만에 쌓였었던 나를 부끄러워했다. 사람에게서 배울 점보다는 잘못된 부분을 먼저 보았기 때문이다. 그리고 선배의 이야기를 들은 후에 바로 자신의 습관을 바꾸었다. 윗사람의 본받을 점과 고쳐야 할 점을 적기 시작한 것이었다. 또한 '어떻게 하면 자신이 원하는 윗사람의 모습이 될까?'를 고민하고 하나하나 적었으며, 그 위치에 섰을 때 본받지 말아야 할 점들을 적었다. 이렇게 적기 시작하면서 가장 크게 바뀐 것은 윗사람들의 장점을 먼저 보는 습관이 생겼다는 것이다. 단점을 이야기하던 자신이 긍정적인 시각으로 상대의 장점을 먼저 보았고, 윗사람의 입장에서 전체적인 관점으로 일을 처리하는 모습으로 변한 것이었다. 상대를 통해 자신을 돌아보는 거울을 마음속에 품게 되었고, 상대의 장점을 자신의 장점으로 끌어들이는 습관을 가지게 된 것이었다.

우리는 자신의 삶에 무엇을 끌어들이고 있는지를 살펴봐야 한다. 자신의 소중한 시간을 어디에 투자하고 어디에 쓰는지를 의식하지 않으면 절대 자신이 원하는 성과를 이루지 못하고 꿈을 이룰 수 없다. 지금부터라도 자신의 생각이 무엇을 끌어들이고 있는지 물어야 한다.

"당신은 불평불만을 끌어들이는가? 아니면 당신은 상대의 장점과 단점에서 배움을 끌어들이는 사람인가?"

지금 자신의 성과가 제대로 평가받지 못하고, 자신의 인생에 불만이 있다면 한번쯤은 펜을 들어야 한다. 그리고 자신이 바라는 이상적인 미래의 모습을 적고, 상대의 모습에서 배울 점을 적어보라. 속는 셈 치고 한번만 적어보라. 그러면 상대를 통해 자신이 바라는 모습을 생각하는 자신을 발견할 것이다. 또한 현재의 자신의 모습과 자신이 원하는 모습으로 가는 길을 상대를 통해서 끊임없이 배울 수 있는 기회의 문을 열기 시작할 것이다.

"성공하고 싶고 성과의 주인이 되고 싶은가?"

그러면 잊지 말아야 할 한 가지가 있다. 그것은 바로 그들이 '과거의 자신과 결별하고 성공하는 사람들이 가진 습관을 자신의 삶 속으로 계속 끌어들였다.'는 사실이다.

06 열심히 일하지 말고
완벽하게 일하라

　직장을 다니는 사람들은 왜 바쁘고 왜 무수히 많은 난관에 부딪히게 되는 것일까? 회사에서 제품과 서비스를 만들어 고객에게 제공해야 하는 시점은 정해져 있다. 정해진 시점에 제품의 원가를 낮추어 완벽한 품질로 제품을 시장에 내놓아야 한다. 또한 시장 상황은 어떤가? 시시각각으로 변하는 소비자들의 시선을 잡아야 하고, 치열한 경쟁 속에서 최적의 시기에 완벽한 품질과 가격을 갖춘 제품을 시장은 요구하고 있는 것이다.

　지금 우리는 자신들의 요구를 끊임없이 쏟아내는 '고객이 왕'인 시대에 살고 있다. 이런 고객의 요구를 정확하게 충족시키는 제품만이 치열한 경쟁에서 살아남는 것이다. 하지만 제품에 대한 개선은 현재의 고객을 유지하는 효과만 발휘한다. 고객의 요구가 다양해지고, SNS를 통한 입소문이 빠르기 때문에 대부분의 기업들은 이런 요구를 대응하기에도 바쁜 게 현실이다.

요즘 '가성비'라는 말을 자주 듣게 된다. 가성비는 가격 대비 성능을 말하는 것으로 스마트한 소비자들 사이의 제품을 평가하는 잣대다. 스마트한 고객들은 가성비란 잣대를 통해 철저히 제품을 검증하고 평가하여 실시간으로 블로그, 카페, 카카오 스토리, 트위터, 인스타그램 등 수많은 SNS 공간에서 자신의 의견을 거침없이 쏟아낸다. 엄마들 사이에서 입소문을 타면 학원, 음식점 등의 승패가 결정되듯이 기업들이 출시하는 제품의 승패는 SNS를 통해서 이미 결정되고 있는 것이다. 이런 스마트한 고객들은 자신이 제품을 주문한 이후에 그 제품이 어떻게 만들어지고 어떤 사람들의 손을 거치게 되고, 지금 어느 정도 만들어졌는지에 대한 실시간 정보를 원하고 있다. 심지어 자신의 제품이 어떤 정신을 가진 사람들이 어떤 혼을 불어 넣었는지도 제품을 구매하는 중요한 요인이 되고 있는 실정이다. 고객은 우리에게 완벽함을 요구하고 있는 것이다.

이렇게 완벽을 요구하는 고객은 회사를 바쁘게 만든다. 회사가 바쁜 상황이 되면 직원들은 더 바쁘게 되고, 이런 상황이 계속되면 회사는 미래를 준비하기 힘들어진다. 더욱 스마트하게 변하는 고객, 직원들의 혼까지 간섭하는 고객에게 신뢰를 얻어야만 회사의 미래가 있는 것이다. 완벽함을 요구하는 고객에 제대로 대응하고, 미래의 제품에 혼을 불어 넣는 것이 가능할까? 회사의 경영층이 내놓은 경영 방침과 계획을 따르는 것만으로는 불가능하다. 절대 불가능하다.

바쁘게 열심히 일하는 것만으로는 이런 시장의 상황과 고객에게 감동을 주는 것은 너무나 힘들다. 모든 직원들이 스스로 자신의 일에 회사와 고객을 연결하여 완벽하게 일을 해야 한다. 그렇지 않으면 고객은 회사를 흔들고, 직원들을 더 바쁘게 하는 상황을 만들어 버리는 것이다.

회사에서 티볼리를 개발할 당시의 일이다. 타사는 이미 차량의 앞부분을 모듈(여러 부품 업체에서 조립하여 나의 제품을 만든 것)로 만들어 조립하고 있었지만 티볼리의 초기 콘셉트에는 모듈이 적용되지 않았다. 생산라인의 효율화와 품질향상을 위하여 몇 개월간의 사장님 보고과정 끝에 쌍용자동차 최초로 차량의 앞부분을 모듈로 추진하는 것을 어렵게 결정했다. 모듈 추진 결정 이후에도 많은 산들이 남아 있었다.

완벽한 외관 품질과 생산성확보를 위해서 철저한 설계 콘셉트 설정이 최우선이었다. 타사의 경우 조립라인의 품질문제로 인하여 헤드램프를 모듈에 포함시키지 않은 경우가 대부분이었고, 여러 명의 작업자가 하나의 모듈을 작업했다. 타사 차량을 벤치마킹하고, 다른 공장의 조립방법을 파악한 후에 품질과 생산성을 확보할 수 있다는 확신이 들었다. 그래서 '모듈에 헤드램프를 포함시키고, 한 사람이 모든 작업을 끝낸다.'는 목표를 세웠다.

설계와 개발업체와의 끊임없는 아이디어 교환을 통해 헤드램프를 포함한 모듈의 최종 설계를 완성했다. 하지만 또 다른 복병이 있었다. 한 명이 모든 작업을 마치기 위해서는 자동화에 대한 콘셉트가 반영되어야 했다. 자동화를 반영한 장착 장비는 우리 회사 조립라인에서 최초로 시도하는 콘셉트였다. 새로운 시도는 장비를 관리하는 보전 부서의 반대에 부딪혔고, 심지어 팀장의 반대도 만만치 않았다. 하지만 물러설 수는 없었다. 자동화와 수작업 장비의 콘셉트를 품질, 생산성, 투자비, 보전성 측면에서 비교분석하여 공유하고 설득을 진행하였다. 끝없는 설득과 굳은 의지에 결국 팀장과 보전 팀은 나의 의견을 지지해주었다.

최초로 적용하는 모듈 콘셉트였기에 수없이 많은 우려와 반대에 부딪혔다. 하지만 '대한민국에서뿐만 아닌 세계에서 가장 인정받는 티볼리의 외관 품질을 확보하며, 심플하고 생산성 높은 최고의 설비를 만든다.'라는 꿈이 있었기에 모든 난관과 도전에 굴하지 않으며 제대로 된 성과를 만들기 위해 집중하는 것만이 답이었다.

어려운 결정에서 마지막 완벽한 성과에 종지부를 찍기 위해서는 제일 중요한 것이 고객이었다. 내부고객인 회사와 상사, 같이 일을 하는 동료들을 만족시켜야 했고, 제품을 실제로 구매해서 회사에 이익을 가져다주는 외부고객에게는 감동을 주어야 했다. 진정으로 완벽 마무리를 위해 팀장과 보전 부서를 설득시키고, 1만 대 설비보증을 통한 신뢰를 쌓았다. 또한 한 명의 작업자로 생산성을 확보할 수 있다는 것을 몸소 보여줌으로써 현장의 우려를 만족으로 변화시켰다. 이런 끊임없는 개선의 노력으로 티볼리는 쌍용자동차 창사 이래 최단기간 10만 대 돌파라는 기록을 세우며 외부고객의 사랑까지 받을 수 있었던 것이다.

얼마 전 인도의 마힌드라에서 우리 회사에 기술적 지원을 받으러 엔지니어들이 출장을 온 적이 있었다. 몇 년 전까지 쌍용자동차에서 근무하셨던 람다스나이르 상무가 인도로 가서 마힌드라의 생산기술 파트를 총괄하게 되었고, 출장 온 엔지니어들은 그분 밑에서 근무를 하고 있었다. 엔지니어 중 한 명에게 기술지원을 하던 중 이런 말을 들었다.

"지금 저희 생산기술 부문장이신 람다스나이르 부사장님께서 쌍용자동차에 가면 벤치마킹해야 할 두 가지 설비가 있는데 그중의 하나가 Mr. Seo가 설치한 모듈장착 장비입니다. 정말 세계 어디에 내놓아도 인정받을 장비라고 부사장님이 이번 프로젝트에서 꼭 모듈장착 장비를 벤치마킹해서 설치하라고 하셨습니다."

이 말을 듣는 순간 정말 가슴속에서 눈물이 날 것만 같았다. 최초의 도전에서 겪었던 시련들이 어느새 '세계에서 인정받겠다.'는 나의 꿈이 이루어진 것이었고, 어떻게 보면 고객에게 제대로 된 결과물로 완벽함을 인정받은 것이었다.

왕중추가 지은 『퍼펙트 워크』에서는 완벽한 성과를 위해서 책임감, 노력, 자긍심, 성실, 섬세함, 집중이라는 6가지 정신의 필요성을 이야기한다. 이 6가지 정신 중에 노력, 성실, 섬세함, 집중은 열심히 일하는 것을 말한다. 나머지 책임감과 자긍심은 자신의 일을 끝까지

해낼 수 있는 힘을 주고 일에 의미를 부여하여 완벽한 성과를 만들어
내는 것이다.

나도 또한 누구의 일이 아닌 나 자신을 위해 완벽한 성과를 내려
고 노력한다. 내가 밟은 전철을 후배들이 밟지 않았으면 하는 바람
으로 실패를 기록하고, 나아가야 할 방향과 최적의 해법을 기록한다.
기록하는 일이 누가 시키고, 감시하는 일이 아니기에 귀찮아질 때도
있다. 하지만 지금까지의 기록이 나를 있게 만들었고, 더 큰 미래를
여는 열쇠라는 것을 안다. 그래서 기록을 하고 최고의 완벽한 해법을
찾기 위해 지금도 노력하고 있는 것이다.

우리는 누구나 열심히 일을 한다. 하지만 열심히 하는 것은 회사
에서 인정을 받기 위한 필요조건이지 충분조건은 아니다. 회사가 바
라는 성과, 상사가 바라는 성과를 위해서는 일을 보는 관점을 넓히고
다양한 지식을 습득하여 최적의 결과물을 내는 것이 바로 제대로 된
성과의 충분조건인 것이다. 더불어 고객에게 최고로 인정받기 위해
서는 성과라는 말에 '완벽함'을 더해야 한다. 이제는 '열심히'라는 말
로 자신을 위로하기보다는 자신이 일한 시간의 가치를 제대로 인정
받기 위해 '완벽'을 추구해야 한다. 완벽한 성과만이 고객에게 마지
막까지 기억되는 유일한 길이며, 완벽의 주인은 그 누구도 아닌 자신
임을 잊지 않아야 하는 것이다.

07 성과는 팀이 아니라
나의 몫이다

회사에서 일을 하다 보면 회의를 할 때가 많다. 회의를 할 때 크게 주관하는 부서와 참석자로 나뉜다. 대부분의 참석하는 사람들은 한 발짝 물러서서 일을 하려고 한다. 회의에 참석하지만 자신이 추진해야 될 일을 맡지 않으려는 사람들이 많은 것이다.

'왜 이렇게 일을 회피하는 현상이 일어날까?' 그것은 바로 자신의 일이 아니라는 생각과 책임을 지지 않으려는 태도 때문이다. 자신이 직접 책임을 지지 않아도 된다는 좁은 시각 때문에 책임을 회피하고 한 발짝 물러서는 것이다. 하지만 이런 자세와 생각은 회사생활을 하는 사람이 제일 먼저 버려야 할 '0'순위 생각이다. 왜냐하면 책임을 지지 않으면 절대 성과의 주인공이 될 수 없기 때문이다.

미국의 대통령 해리 트루먼의 백악관 집무실 책상에는 'The Buck Stops Here'라는 말이 붙어 있었다. 우리말로 하면 '모든 책임은 여기서 멈춘다.'라는 의미이며 '내가 결정하고 내가 모든 책임을 진다.'는 뜻을 포함한다. 책임은 결코 누구에게 짊어지게 하는 것이 아니라 자신의 몫인 것이다.

한번은 코란도C 프로젝트를 진행할 때였다. 고질적으로 문제가 된 외관 부위의 품질육성을 위하여 TFT가 구성되었다. TFT의 경우 대부분 현업을 병행했기 때문에 항상 어려움을 겪었고, 이런 어려움을 다독여 가면서 일해야 했다. 그리고 특별한 보상도 주어지지 않았기 때문에 '우리가 같이 명차를 만드는 거야.'라는 생각으로 TFT 멤버끼리 소주를 한잔 기울이며 서로를 보듬는 것이 최고의 위로였다.

신차를 개발할 때 처음에는 많은 문제들이 있어도 계획을 가지고 일하기 때문에 일정의 촉박함을 피부로 느끼지 못한다. 하지만 신차 출시가 가까워지면 모든 부서와 임직원들이 신차의 품질 하나하나에 관심을 가지고, 엄청난 보고를 요구한다. TFT 멤버들도 예외는 아니었다.

각 팀별로 실무자가 부족한 상태였고, 프로젝트의 막바지였기 때문에 회의가 중복되고 일이 지연되는 경우가 많았다. 그래서 항상 막바지에 팀원들의 참여를 이끌어 내기가 쉽지 않은 상황이 반복되었다. 하지만 든든하게 내 옆을 지켜주는 동기가 있었고, '항상 솔선수범 하자'는 신념이 있었기에 철통같이 품질을 확보하고 있었다. 그런데 출시 막바지에 예기치 않은 품질경향의 변화가 일어났고, 팀원들의 협업이 긴급히 필요한 시점이 발생했다.

카카오톡의 단체 채팅방에 팀원들의 회의를 공지했고, 대리급 두 명이 '참석하기 힘듭니다. 제가 해야 될 일이 있나요?', '제가 뭘 도와 드리면 되죠?'라는 메시지를 보내왔다. 전화로 긴급한 상황과 TFT 차원에서 차량 출시를 위해 해결해야 할 과제를 이야기한 후에 TFT 멤버와 회의를 진행하였다. 회의 도중 긴급한 상황을 설명하며, 일을 분배하던 중 대리 한 명이 계속 퉁명스럽게 말했다.

"제가 할 일만 알려주세요, 뭘 도와 드리면 되나요? 이때까지 해달 라고 하신 거 다 해드렸잖아요."

모두가 바쁜 상황에서 협업이 필요한 상황임에도 박 대리의 말과 행동은 원활한 문제해결을 막고 있었다.

"박 대리 지금 뭐라고 했어? 지금은 TFT 차원에서 움직이는 것 이고, 지금 상황은 마지막 품질확보 중 신차 출시에 문제가 되는 사 항을 같이 해결하는 회의야. 그런데 지금 '도와주느니', '해달라는 것 다 해드렸잖아요.' 이런 말을 왜 하는 거지? 회사에서 일을 하면서 내 가 제일 안 좋게 판단하는 말이 '뭘 해드리면 되죠? 요청한 것 다 해 줬잖아요.'라는 말이야. 회사에서 일을 할 때 하지 않아야 될 일을 하 는 것은 잘못된 거야. 다른 사람이 요청한 일이라도 '그 일이 회사에 꼭 필요한 일인지, 그 일이 자신의 일인지'를 판단하는 것은 스스로 하는 것이고, 그 일은 자신의 일인거야. 그리고 그 일에 대한 책임도 스스로 지는 거야."

다소 냉정할 수 있지만 회사를 위해 TFT 멤버들이 지금의 문제를 서로 도와가며 해결하기 위해서 명확한 방향을 제시해야 했고, 전체의 분위기를 흐리는 행동과 말투는 고쳐야 할 부분이었다. 모두가 바쁜 상황에서 TFT 일까지 하는 것을 알고 있지만, 다른 팀원들의 노고와 아끼는 후배가 제대로 성장하길 바라기에 따끔하게 조언을 했다.

TFT 멤버들과 문제를 해결하고, 조치를 취하는 중에도 후배의 서성이는 모습에 둘이 음료수를 마시면서 이야기를 나누었다. "아까 서운했냐?"라는 말에 후배는 울음을 터트렸다. 부서에서 상사들은 많은 일을 떠넘기고, 그것을 후배 하나 없이 스스로 해결해야 하는 상황을 듣게 되었다. 나도 입사해서 비슷한 상황을 이겨냈기에 그 심정을 이해했고, 등을 토닥여주며 서로를 조금씩 더 이해해 갔다. "죄송합니다. 요즘 상황이 너무 안 좋고, 회의감도 많이 들어서 제가 잘못했습니다. 앞으로는 제대로 하겠습니다."라는 후배의 말에 내가 신입사원 때의 겪었던 상황이 아직까지 반복되고 있다는 현실이 가슴을 후벼 팠다. 하지만 우리 TFT 멤버는 서로를 보듬을 수 있게 되었고 서로의 가치를 인정하게 되었다.

우연히 박 대리의 팀장과 만날 때면 "박 대리 일 잘한다고 너무 일 많이 시키시면 안 돼요."라고 말한다. 그러면 팀장은 "일 못하면 이야기해 더 시킬 테니까."라며 미소로 화답한다.

회사에서 정말 바빠서 못하는 일은 없다. 어떻게든 방법을 고민하고, 머리를 맞대어 해결책을 찾다 보면 길은 보인다. 바쁘다는 말과 혼자만의 고민은 누구도 인정하지 않는 핑계로만 들릴 뿐이다. 차라리 '이런저런 조건을 도와주셔야지 제가 이 일을 제대로 처리할 수 있습니다.'라고 제대로 요청해야 한다. 책임은 누구의 몫이 아닌 자신의 몫이다. 그 몫을 다할 때만이 예기치 않은 성과도 자신에게로 돌아오는 것이다.

얼마 전에 예기치 않은 이야기를 들었다. 타 부서에 부임한 윤 팀장에게 축하인사를 건네며 커피를 마시던 중 이런 말을 들었다.

"2005년 신공장을 지으며 같이 일할 때 정말 재미있었어. 지금 생각하니 정말 많은 일을 했더라. 우리가 같이 의논하면서 라인의 구석구석을 계획했잖아. 작업장 배치에 대한 표준이 없는 상태에서 새로운 아이디어로 라인의 흐름을 바꾸고, 최소의 인원으로 라인을 운영할 수 있게 만들었던 거야. 어떻게 보면 우리가 회사에 기여한 가장 큰 성과일지도 몰라."

신공장을 지을 당시에는 이런 효과를 예상하지 못했다. 하지만 윤 팀장은 최소의 인원으로 라인을 운영함으로써 회사에 얼마나 큰 성과가 될지를 예상했던 것이었다. 그 당시는 일에 파묻혀서 정확한 효과를 파악할 수 없었지만 지금 생각하면 정말 엄청난 성과였다. 그리고 그 일을 나와 윤 팀장이 함께 했다는 사실을 기억하고 있었던 것이다.

모든 일에는 리스크가 존재한다. 리스크가 없으면 성과도 없으며 누군가는 리스크에 대한 책임을 짊어지고 일을 추진해 나가야 한다. 하지만 리스크에는 가치가 숨어 있다. 리스크를 책임짐으로써 다른 사람들이 가벼운 마음으로 열정을 다하여 가치를 창출하는 환경을 만들 수 있는 기회가 숨어 있는 것이다. 기회는 항상 책임지는 사람을 지지한다. 그리고 '성과는 책임 뒤에서 당신에게 항상 미소 짓는다.'는 사실을 잊어서는 안 될 것이다.

08 회사는 성과를 사는
나의 고객이다

대한민국의 보통사람들은 2016년 기준 남자 29세, 여자 28세의 나이에 첫 직장에 입사를 한다. '취업절벽'이라는 말이 나올 정도로 회사의 문은 더 좁아진 상태다. 그 좁은 문을 들어간 사람들은 고객에게 제품과 서비스를 팔아 이익을 내야만 하는 회사를 만나게 된다.

회사에 들어가면 정말 다양한 계층의 사람들이 있다. 모진 풍파를 이겨낸 베이비붐 세대에서 조기영어 교육을 시작으로 유치원 때부터 치열하게 교육받고, 각종 학원을 다니며, 동아리, 프로젝트 참여, 인턴과정 수료, 대회 입상, 해외연수 등 무수히 많은 스펙을 쌓아 회사에 입사한 신입사원까지 정말 다양한 환경에서 다양한 능력을 가진 사람들이 모인 곳이 바로 '회사'다. 이렇게 회사에서 일하는 많은 사람들은 누구나 '초심'이란 것을 가지고 입사를 한다. 그 초심에는 '일'을 통해서 회사에 자신의 능력을 발휘하고 싶어 하는 부푼 꿈이 있다. 즉, 인재가 되어 자신의 분야에서 인정받기를 원하는 것이다.

"직장인들은 왜 인정받고 싶어 하는가?"

매슬로우의 욕구 5단계에서는 1단계 '생리적 욕구'에서 2단계 '안전의 욕구', 3단계 '소속과 애정의 욕구' 4단계 '존경과 인정'의 욕구, 마지막으로 '자아실현의 욕구'까지 사람이 성장해 가는 과정을 단계별로 엿볼 수 있다. 직장에 입사해서 월급을 받으며 생리적, 안전, 소속의 욕구 중 일부가 충족되고, 자신의 능력을 발휘하여 회사에서 인정받음으로써 '인정의 욕구'를 충족시켜 나가는 것이다. 사람마다 자신이 인정받고 싶어 하는 이유는 다르다. 인정을 받고 싶은 이유 중에는 돈을 많이 벌고 싶고, 평가를 잘 받아 승진을 빨리 하고 싶거나, 회사의 일을 제대로 배우고 싶은 경우도 있을 것이다.

실제로 내가 회사에서 입사했을 때 인정받고 싶은 이유는 따로 있었다. 시골에서 농사를 지으며 2남 6녀를 키우신 부모님 때문이었다. 어렸을 때부터 '땀을 흘려야만 정직하게 결실을 거둘 수 있다.'는 것을 몸소 배웠고, 농사를 지으시며 자식을 대학에 보낸다는 것이 얼마나 힘든지를 부모님의 손을 보면서 깨달았다. 대학시절 장학금을 타면 어머님은 이런 말씀을 하셨다.

"무뚝뚝한 아버지가 우리 막내아들이 장학금 탔다고 얼마나 동네에 자랑하고 다니시는지 아냐? 입이 귀에 걸리셨다."

회사에 취직했을 때는 아버지가 "우리 아들이 취직해서 엄마 아빠 어깨를 가볍게 해줬어."라고 얼마나 대견해 하며 자랑을 하고 다니시는지를 어머니는 나에게 이야기하셨다. 이런 시골 부모님의 자식 자랑이 제일 큰 보람임을 누구보다 잘 알기에 더욱더 회사에서 인정받고 싶어 기를 쓰고 일했던 것이었다.

그러면 무엇을 어떻게 해야 회사에서 인정받을 수 있을까? 회사는 철저하게 시장경제에 따라 움직인다. 고객과 시장의 수요와 내재된 욕구를 파악하여 그에 맞는 상품을 만들어 팔아야 이윤을 남긴다. 회사는 고객에게 차별화된 상품과 서비스로 말해야 하는 것이다.

회사가 시장의 고객과 거래하듯 회사와 구성원도 '일의 성과'를 통해 끊임없이 거래한다. '일의 성과'는 회사의 매력적인 상품과 서비스가 가지는 핵심가치를 만들어 고객을 감동시킬 때 나타난다. 회사의 입장에서는 상품과 서비스를 통해 고객이 감동받아야 제대로 된 '회사의 성과'를 인정받게 된다. 반면 직원의 입장에서는 상품과 서비스가 가지는 핵심가치에 이바지할 때만이 자신의 가치가 드러나는 것이다.

시장과 고객이 회사의 가치를 인정하면 제품과 서비스를 구매하여 회사에 이익을 선사한다. 하지만 인정받지 못한 제품과 서비스는 철저하게 시장에서 외면당한다. 최악의 경우에는 시장에서 퇴출당하는 것이다.

회사가 구성원을 인정한다는 것은 '경쟁력 있는 제품과 서비스 개발을 위한 핵심역량을 구성원이 발휘했다.'는 것을 의미한다. 구성원의 핵심역량의 발휘가 성과로 이어지면 회사는 성과의 대가로 연봉

상승, 승진과 같은 보상을 한다. 반면 구성원이 자신의 역량과 노력에 대한 적절한 보상을 받지 못한다면, 회사에 자신이 원하는 조건을 제시하고, 심지어는 이직을 하기도 한다.

회사도 마찬가지다. 구성원의 노력과 능력이 회사에 기여하지 못한다면 연봉동결, 근무재배치, 권고사직 등으로 경고를 보내게 된다. 이렇듯 고객, 회사, 구성원은 성과를 사이에 두고 끊임없이 거래를 지속하는 관계인 것이다.

장사를 하는 사람에게는 '고객은 신'이다. 고객들은 사업하는 사람의 욕구 충족에는 관심이 없다. 고객은 단지 자신들에게 어떤 가치를 주는지에만 관심이 있는 것이다.

- 당신의 사업이 나를 위해 무엇을 할 수 있는가?
- 어떤 식으로 도움이 되는가?
- 거기서 취할 수 있는 것은 무엇인가?
- 문제점을 해소해 주는가?
- 인생에 도움을 주는가?
- 주거지를 제공하는가?
- 돈을 절약하게 해 주는가?
- 교육을 제공하는가?
- 무언가를 느끼게 해주는가?

- 내가 당신의 사업에 왜 돈을 주어야 하는가?
- 당신이 나의 인생에 어떠한 가치를 더해 줄 수 있단 말인가?

이런 고객의 요구를 충족할 때만 고객은 제품과 서비스를 구매한다. 그래서 회사에 이익을 안겨주는 것이다. 고객이 가치를 인정하지 않은 제품과 서비스는 결국 시장에서 사라진다. 고객이 인정한 제품만이 브랜드가 되고 비로소 당당히 명함을 내밀 수 있는 것이다.

회사는 살아남기를 원한다. 그래서 직원이 회사에 어떤 기여를 하고, 어떤 이익을 주며, 직원에게 왜 월급을 주어야 하는지를 끊임없이 묻는다. 이런 물음에 직원들은 답을 해야 한다. 그 답은 바로 '성과를 통한 인정'뿐인 것이다.

나에게는 2009년 10월에 낳은 아들이 하나 있다. 둘째로 태어난 아들은 회사가 힘들 때 낳기로 결정해서 회사의 어려움을 엄마의 뱃속에서 겪은 아이였다. 인생을 살면서 힘들더라도 옳은 결정이면 그 역경을 즐겁게 받아들인다는 원칙이 있기에 둘째 아들을 정말 기쁜 마음으로 얻었다. 둘째 아들이 막창을 엄청 좋아해서 집근처에 단골집도 생겼다. 막창가게 사장님은 대구에도 본점이 있고 경기도에 사업 확장을 위해서 혼자의 몸으로 터전을 닦았다. 저녁 6시부터 장사를 시작하여 저녁 11시쯤이면 문을 닫는다고 한다. 신선한 막창을 그날그날 손질하여 한정판매를 하고, 반찬으로 나오는 것은 된장찌개와 오이된장

무침, 곱창을 찍어먹는 된장소스뿐이었다. 대부분은 예약된 손님이 많았고, 목이 좋은 곳이 아닌데도 사람들이 매일 붐볐다. 가족들과 막창을 먹다가 사장님에게 물었다. "사장님! 이곳은 목도 좋지 않은 곳인데 왜 이렇게 장사가 잘 되요? 특별한 비법이 있으세요?" 사장님은 머쓱해 하면서 "뭐 특별한 게 있나? 장사를 하다 보니 노하우가 생기고 해서 손님들이 뭘 좋아하는 지 쉽게 아는 것뿐이지. 그날그날 손질해서 신선한 재료 많이 주고, 쓸데없이 이것저것 안하고 딱 할 것만 하지요. 아참! 그게 있구나."하면서 잠시 사장님은 뜸을 들이셨다.

"'잘 먹었다.'는 소리가 나와야지. 안 그러면 안 돼. 내가 만 원짜리를 먹었는데 만 오천 원어치를 먹었다고 손님이 생각하면 그 집은 대박집이 되는 거야. 그런데 만 원짜리 먹었는데 팔천 원어치를 먹었다고 느끼면 그 집에 사람이 오나? 안 오지."

사장님의 어눌한 말투에서 다년간의 쌓인 경험이 배인 말 속에는 장사의 냉정한 원칙과 비결이 담겨있었다. '만 원짜리 음식을 먹었지만 만 오천 원의 음식을 먹은 기분을 들게 만들어라.' 이 말이 아직까지도 내 머릿속에 기억되는 것은 그만큼 진리가 담겨있어서 일 것이다. '받은 것보다 더 많이 주어라.'라는 장사의 원칙 즉 가성비의 원칙은 시장의 고객과 회사, 회사와 구성원 사이에서도 똑같이 작용한다. 회사는 제품의 가격보다 고객에게 더 많은 가치를 주어야 하고, 회사의 구성원들은 회사에서 받는 월급보다 더 많은 성과로 자신의 가치를 더 높이 세워야 하는 것이다.

회사는 나의 고객이다. 나의 시간을 투자해 하는 '일'은 내가 회사와 거래하는 '상품'이다. 내가 일이라는 상품에 성과라는 가치를 회사에 제공함으로써 회사는 나에게 월급을 준다. 만약 당신이 회사의 사장이라면 직원들에게 월급을 주면서 무엇을 바라겠는가? 아마 회사의 핵심제품이 가지는 가치의 향상을 위하여 구성원들이 최선을 다해서 성공적인 결과를 보여주기를 바라지 않을까? 어떤 직원들은 자신의 기준에서 열심히 일하고서 인정받기를 원한다. 하지만 일이라는 상품을 평가하는 것은 회사이고 상사인 것이다. 진정으로 인정을 받고 싶다면 제대로 된 성과로 회사에 기여해야 한다. 회사는 성장을 위해 나의 빛나는 성과를 바라는 최대의 고객이기 때문이다. 그리고 한번쯤 질문을 던져라. 회사에서 나의 가치는 어느 정도인가?

즐겁게 일하는
사람은 1%가 다르다

01 즐겁게 일하는 사람은
1%가 다르다

회사에서 웃으면서 자신의 일을 즐기면서 하는 사람이 얼마나 될까? 매일 반복되는 일과 일상, 마감시간, 상사와 부하직원과의 관계, 성과를 평가받는 시스템 속에서 일을 하는 직장인은 항상 자신의 시간을 지배하기보다는 무엇인가에 쫓기면서 일을 하는 느낌을 받는다. 또한 생계가 걸려있다면 일은 자신의 마음을 더욱더 압박하게 되는 것이다.

그래서 우리는 생계를 위해 일하기보다는 꿈을 위해 일해야 한다. 생계를 위해 일하게 되면 자신의 시간을 돈으로 바꾼다는 생각에 사로잡힌다. 이런 생각이 무의식중에 자리 잡히게 되면 자신과 일, 회사와 자신과의 관계에서 긍정적인 의미를 부여하지 못한다. 직장생활에서 '의미'를 잃게 되는 것이다.

'관점이 세상을 바꾼다.'는 말이 있다. 직장에서 자신의 일에 어떤 의미를 가지고 있느냐에 따라 일을 바라보는 관점이 변하게 되고, 결국은 성과의 차이로 나타나게 된다. 관점의 차이가 인생의 중요한 시점에서 선택의 차이를 만들어 결국 성과의 차이로 이어지는 것이다.

관점은 '사물과 현상을 바라보는 의식'이라는 뜻을 가진다. 간단히 말하면 '현상(Event) + 관점(View)&자세(Attitude) = 결과(Output)'라는 공식으로 설명된다. 어떤 사물과 현상에 대해 그것을 바라보는 관점과 자세에 따라 다른 결과가 만들어지는 것이다.

관점이란 단어를 떠올리면 카카오톡의 스토리가 생각난다. 처음 카카오톡이 등장했을 때 사람들은 정말 이상하게 생각했다. 문자 건당으로 통신요금을 받는 통신사와 달리 무료로 대화를 할 수 있는 카카오톡이 등장하면서 사람들은 이런 이야기를 했다.

"야! 문자를 공짜로 할 수 있는 어플이 있대?"

"정말 문자를 공짜로 할 수 있어? 설마"

그리고 얼마의 시간이 흘러서 사람들의 생각이 바뀌기 시작했다.

"무료로 써서 좋기는 한데……. 정말 이 회사는 뭐 먹고 살아? 이렇게 다 퍼주면?"

"이 회사는 광고도 안 하냐? 무슨 제품이라도 내놓아라. 내가 다 써줄 테니까."

카카오톡이 등장하고 모든 사람들이 이렇게 생각했다. 그리고 나는 '정말 카카오톡은 왜 이렇게 한 것일까?'라는 의문이 들었다. 그 대답은 회사에서 우연히 듣게 된 카카오의 홍보를 담당하는 박용후 전략고문의 강의를 통해 의문을 풀 수 있었다.

"저희 카카오의 성공비결은 '기부', '땡큐', '고객을 불편하게 하지 말라.'는 것입니다. 고객에게 정보를 주고, 원하는 것까지 찾아주고, 더 줄게 없나를 찾아봅니다. 이로써 고마움이 결이 되게 하는 것이지요."

이 말을 듣는 순간 '아! 소비와 생산의 관점을 바꾼 대단한 도전이구나.'라는 생각을 했다. 카카오톡을 통해 사람들에게 많은 것을 무료로 나눠주고, 항상 나눠 주고, 또다시 배려함으로써 사람들의 마음 속에 자연스러운 감사의 마음을 끌어냈다. 이렇게 생겨난 감사의 마음은 카카오라는 회사를 '인격을 지닌 브랜드'로 성장시켰다. 제품이나 서비스가 돈을 버는 기존 방식에서 벗어나 브랜드의 가치가 돈이 되는 관점의 전환으로 엄청난 성과를 이룬 것이었다.

'관점이 브랜드가 되고 성과가 된다.'는 말이 이상하게 들릴 수 있다. 하지만 현재 많은 기업들이 시장을 바라보는 방법, 고객에게 다가가는 방법, 기업운영 방법에 대한 관점을 바꾸며 시장을 선도하고 있는 것이 사실이다.

미국에서 가장 일하기 좋은 회사이며 지속적인 성장을 유지하는

SAS라는 회사가 있다. SAS의 짐 굿나잇 회장은 '기업 자산의 95프로는 직원이며, 행복한 젖소가 우유를 더 많이 생산한다.'는 경영철학을 가지고 있다. '회사가 월급을 주니까 구성원들이 회사를 위해 열심이 일해야 한다.'는 구시대적 관점에서 탈피하여 '회사가 어떻게하면 구성원들에게 더 많은 배려를 할까? 어떻게 하면 구성원들이더 행복해질까?'를 고민하고 실천하는 것이다. SAS의 '행복과 직원'에 대한 관점의 전환은 구성원들에게 기대하지 않은 많은 배려를 선사했다. 이런 배려는 구성원들에게 행복과 자발적 감사를 이끌어냈으며 이런 마음을 가진 직원들은 좋은 제품과 서비스로 고객들에게큰 감동을 줌으로써 회사의 이익을 만들어낸 것이다. 결국 관점의 차이가 성과의 차이를 만들고 성공하는 회사를 만드는 비결인 것이다.

관점의 차별화가 성공하는 회사의 비결이듯 성과를 내고 일을 즐기는 사람에게도 자신들 만의 독특한 관점이 있을 것이다. 일에 의미를 부여하여 성과의 관문을 통과하고 자신만의 차별화된 관점과 자세를 유지해야 한다. 이런 과정 속에서 사랑과 열정이라는 에너지를투입할 때만이 행복이라는 종착지에 다다르게 된다.

행복을 위해서는 자신의 일에 의미를 부여하여 일을 바라보는 자신만의 관점을 세워야 한다. 그래서 일을 즐기는 사람들은 일에 대한자신의 관점을 바꾸는 과정을 거친다. 나 또한 직장을 다니면서 지금처럼 일을 사랑하고 일을 즐기게 된 잊지 못할 계기가 있었다.

대리 시절에 2002년부터 충원되어 한창 일을 하던 사원들이 2005년부터 줄줄이 이직을 하는 상황이 발생했다. 회사의 어려운 상황과 주말과 공휴일 없이 밤낮으로 일하는 부서원들의 열악한 근무여건은 사원들의 퇴사를 부추겼다. 사원들의 이직이 지속되자 각종 면담이 이어졌지만 명확한 해결안이 없었고, 나 또한 이직을 고민하게 되었다. 열정적으로 함께 일하던 사람들이 회사를 그만두게 만드는 현실에서 시작한 이직에 대한 고민보다 나를 더 아프게 했던 것이 있었다. 그것은 바로 31살이 되도록 자신의 일에 대한 명확한 신념을 세우지 못한 자신이었다. 그리고 그때부터 나는 일에 대한 의미를 찾기 시작했고, 책과의 동행을 시작하게 되었다. 그것이 일의 의미를 찾는 첫 번째 계기였다.

두 번째는 결혼을 하고 첫 딸을 출산한 2007년이다. 첫 딸의 출산일 전날 아내와 저녁에 산책을 나갔다. 산책을 한 것이 무리가 되었는지 아침에 양수가 터졌고 부랴부랴 병원으로 향했다. 1번 국도 옆의 산부인과를 바로 앞에 두고 신호를 기다리는데 갑자기 싸한 느낌이 들어 백미러를 보고 있는데 뒤에서 트럭이 그대로 우리 차의 뒤쪽을 들이박은 것이었다.

사고의 충격에 아내와 아이가 제일 걱정되었다. 아내의 상태를 살피고, 차에서 내려 트럭 운전자와 만나는 순간 술 냄새가 진동했다. 아내에게 "자기야 저 사람 술 먹었다. 우선 병원부터 가자."라고 이야기하자 아내는 "나는 괜찮아. 빨리 사고 처리하고 병원으로 와."

라고 이야기하면서 교차로를 건너서 병원으로 먼저 이동했다. 조급한 마음에 사고를 수습하고 병원으로 가니 아내가 침대에 누워있었다. 촉진제를 놓고 진통을 했지만 진통을 할 때마다 아이의 심장박동수가 자꾸 느려졌다. 사고를 당한 상태에서 놀랐을 아내와 아이를 생각하며 너무 마음이 아팠다. 의사선생님이 "아이의 심장박동수가 자꾸 느려져서 제왕절개를 해야 될 것 같습니다."라는 말에 결국 수술을 하게 되었다. 아이의 탯줄을 자르고 아이를 안을 땐 정신이 하나도 없었다. 마취에서 무사히 깨어난 아내가 아이에게 젖을 물릴 때 나에게 또 다른 삶이 주어진 것을 깨달았다. 출산휴가를 마치고 사무실 책상에 앉았을 때 일은 나에게 또 다른 의미로 다가왔다.

마지막은 회사의 파업과 대량해고 사건이었다. '남은 자와 떠나야 하는 자'로 편을 가른 현실, 이런 현실에서 가정을 지키고, 회사를 지켜야 했던 90일간의 피 말리는 상황을 겪은 사람이라면 누구나 삶이 달라진다. 지금도 생각하면 가슴 한쪽이 저려오면서 그때의 장면들이 떠오른다. 하지만 모두가 이겨내야 했던 상황이고, 그 과정을 통해 더욱더 튼튼해져야 했다. 누군가는 아직도 그때를 생각하며 악몽을 꾸고, 누군가는 꿋꿋이 더 나은 내일을 향해 삶의 의미를 더해간다. 나 또한 그때의 악몽을 잊지는 못하지만 그 역경을 통해서 '세계에서 가장 행복한 자동차회사를 만들겠다.'라는 꿈을 마음에 새겼던 것이다.

누구나 삶에서 잊지 못할 사건들이 찾아온다. 인생의 기로에서 이런 사건들은 일과 삶, 역경과 배움, 자신과 미래에 대한 끊임없는 질문을 던지게 한다. 어떤 사람은 이런 질문에서 깨달음을 얻는 반면 어떤 사람은 아픈 상처로 남는다. 이런 과정에서 깨달음을 얻은 사람들은 일과 삶의 의미가 확고해 진다. 그 의미로 인해 누구보다 자신의 일과 삶을 즐기는 것이다.

일에 의미를 부여하여 즐긴다는 것은 일의 방향이 뚜렷하다는 것이다. 일의 방향이 뚜렷하지 않으면 사소한 것에도 흔들리며, 삶의 의미까지 퇴색된다. 그렇기 때문에 무엇보다 중요한 것이 의미를 가지고 일을 즐기는 것이다. 하지만 일에서 즐거움만 있는 것은 아니다.

즐길 수 있을 때가 있으면, 견뎌야 할 때도 있는 것이다. 일을 즐기기 위해서는 고난과 역경을 잘 견뎌내는 과정도 필요하다. '그러면 우리는 견뎌내야만 할 때 어떻게 하면 잘 견딜 수 있을까?' 답은 간단하다. 바로 '배움'이다.

일에서 배움을 얻고 자신을 성장시킨 사람들은 더 큰 즐거움을 깨닫게 된다. 하지만 배움에 소홀한 사람은 자신의 그릇이 작은 사람이다. 자신의 그릇이 작은 사람은 그릇의 크기만큼 현상을 받아들이고 나머지는 두려움과 시련으로 여기게 된다. 그렇기 때문에 자신이 담을 수 있는 그릇의 크기를 키우기 위해 일속에서 끊임없는 배움을 추구해야 한다. 배움을 통하여 자신의 그릇을 키울 때만이 두려움과 시련은 더 큰 성장을 위한 디딤돌이 되는 것이다.

'성공한 사람들은 성공하지 못한 사람들이 힘들어 하는 것을 해낸다.'고 이야기한다. 즐겁게 일하는 사람 또한 일을 즐기지 못하는 사람들이 힘들어 하는 것을 해낸다. 그래서 우리는 일을 즐기며 성취를 이룬 사람들의 비결인 '자신의 일에 긍정적인 의미를 부여하는 탁월한 관점'을 기억해야 하는 것이다.

02 일의 주인이 되라

나는 세 아이의 아빠다. 시골에서 2남 6녀의 막내로 태어나서인지 아이 많은 가정을 이루는 것이 나의 꿈이었다. 하지만 세 아이가 태어나면서 한 가지 고민이 생겼다. '내가 어떻게 하면 우리 세 보물들이 자신의 인생에서 진정한 주인으로 자랄 수 있을까?'라는 고민이었다. 부모라면 누구나 이런 생각을 가지고 있지만 나의 경우 뭔가 절실함이 있었다. 내 인생의 중요한 시기마다 나에게 힘을 북돋워 주고, 길을 같이 고민해주는 제대로 된 코치를 만나지 못했기 때문에 나의 세 보물들에게만큼은 그런 아빠가 되어주고 싶었다. 그래서 나는 스스로에게 두 가지 육아의 역할을 부여했다.

하나, 나는 아이의 발전을 항상 지켜보고, 아이의 성장단계별로 충분한 동기부여와 적절한 선택을 할 수 있도록 온 힘을 다해 도와주는 자상한 코치가 될 것이다.

둘, 나는 아이 스스로 자신의 삶을 주도하도록 열렬히 응원하는 응원단장이 될 것이다.

이 두 가지 역할과 원칙에 세 아이를 낳을 용기를 더해서 정말 열정적으로 육아를 했다. 여행 자주 가기, 우뇌발달, 감성을 키워주기 위한 다양한 놀이, 사회성을 키워주기 위해 아빠가 목욕시키기, 1,000권 책 읽어주기, 자존감 키워주기, 심장소리 들려주기, 사랑 듬뿍 주기, 자연 속에서 지켜봐 주기, 느끼게 해주기, 많이 보여주기, 아이와 열정적으로 놀기, 칭찬하기 등 정말 아이들에게 보약을 먹어가면서 같이 놀고 책을 읽어주었다. 첫째 딸의 성장에 맞춰 제대로 된 육아를 하고 싶었고, '나를 알고 사랑하며 서로가 도우면 길이 된다.'는 가훈을 실제 생활로 끌어들이기 위해 나의 독서는 더 깊어졌다. 치열한 독서를 통한 깨달음으로 올바르고 제대로 삶을 살아가기 위한 가풍까지 만들게 되었다. 이렇게 만든 가풍은 가족 구성원들이 서로를 생각하는 문화가 되고 이런 문화 속에서 나는 아이들이 스스로 자기인생의 주인이 되기를 원한 것이었다.

요즘 대부분 회사는 신입사원이 입사하면 사수-부사수, 멘토-멘티라는 관계를 맺어준다. 신입사원이 회사에 잘 적응하기 위하여 업무에 능통한 선배와 신입사원을 연결시켜 주는 것이다. 나에게는 3명의 멘토가 있었다. 부서배치를 받았지만 정식 멘토가 2주 동안 해외 출장을 나갔기 때문에 임시로 2주 동안 다른 상사가 나의 멘토를 맡았다. 정식 멘토가 출장에서 돌아온 뒤 6개월 후에 TFT로 빠져서 또 다른 상사가 나의 멘토가 되었다. 첫 번째 멘토인 지금의 팀장은 2주 동안 나에게 자동차의 전 부품의 이름을 모두 외우게 했고, 직장생활을 하면서 가장 기억에 남는 말을 나에게 해 주었다.

"형덕씨! 자동차의 꽃은 조립생산기술팀이야. 자동차는 2만여 개의 부품으로 구성되고 그 부품들이 모여서 시스템이 되는 거야. 다른 팀들은 그 부품을 만드는 역할을 담당하지만 우리 팀은 그 부품을 가지고 완성된 작품의 차를 만들기 위해 디자인부터 부품개발, 생산에 이르는 모든 과정에 참여해. 팀원들은 각각 시스템을 담당하고, 그 팀원들의 노력으로 움직이는 차가 완성되는 것이야. 그리고 지금은 신입사원이지만 6개월이 지나면 형덕씨는 관련 팀의 팀장과 동급이야. 관련 팀의 사람들은 자신의 업무영역만 생각하지만 우리 팀 사람들은 6개월만 지나도 부품과 부품, 시스템과 시스템의 연결을 머릿속에 그릴 수 있어. 생각의 폭이 달라지는 거야. 전체를 보는 시각을 갖게 되는 것이지. 이런 시각을 가지고 우리는 최고의 품질을 갖춘 차를 만들게 되는 거야. 그 중심에 우리 팀원들이 한 명 한 명 포진해 있고, 큰 역할을 맡고 있는 거야. 이런 이유 때문에 우리 팀이 '자동차의 꽃 중의 꽃'이라 불리는 거야."

부서배치를 받은 이후에 사수는 나에게 '자동차의 꽃', '최고의 품질을 만드는 중심에 서 있는 사람이야'라는 말로 나의 역할에 대한 중요성을 심어주었고, 내가 내릴 결정의 가치를 일깨워주었던 것이다. 바로 차를 만드는 중심에 서 있는 나의 역할과 책임을 인식시켜 일의 주인으로 설 수 있는 마음가짐을 가지게 해주었던 것이다.

이 뿐만 아니라 두 번째 사수는 중요한 테스트 장비의 담당을 맡게 해주었고, 세 번째 멘토는 무슨 업무든 나의 의견을 들어주고, 나의 결정을 존중해 주었다. 또한 부서의 전통일 수 있지만 우리 팀의 경우 신입사원이 처음 설비를 맡으면 자신의 소신대로 마음껏 시도해 볼 수 있도록 해준다. 고참들이 '플랜 B'가 마련된 업무를 후배에게 위임함으로써 실패를 통해 배울 수 있는 기회를 주는 것이다.

신입사원 때 일을 통한 도전의 기회와 의사결정의 자율권은 스스로를 성장시키는 좋은 무대가 된다. 자신의 능력을 펼쳐 보일 수 있는 무대에서 진정한 가치를 보여줌으로써 성장하는 경험을 할 수 있는 것이다. 이렇게 얻게 된 성장경험은 일을 대하는 적극적이고 긍정적인 태도를 가질 수 있게 하며, 결정적으로 스스로 인생의 핸들을 돌릴 수 있는 힘을 가지게 되는 것이다.

아이들이 스스로 인생의 주도권을 가지고 당당하게 살아가기를 원하는 부모의 마음이 다 똑같듯 회사도 구성원들이 당당한 주인공이 되기를 원한다. 회사라는 터전이 때로는 삭막하고, 거칠고, 힘들게 느껴질 수 있다. 하지만 힘든 곳엔 언제나 성장할 수 있는 환경이 존재한다는 것을 잊어서는 안 된다.

나에게도 세 명의 멘토를 만나서 좋은 조언과 배려를 받을 수 있는 좋은 환경이 있었던 반면, 때로는 밤새 야근을 하고 1년에 7일을 쉴 정도로 힘든 시절이 있었다. 이렇게 힘든 시절을 보내면서 얻게 된 성장의 경험은 어느새 새로운 일에서 성장한 자신의 모습을 바라볼 수 있는 힘으로 자리 잡았다. 또한 '힘든 경험이 세상을 더 긍정적으로 바라볼 수 있는 감사의 마음을 가지게 한다.'는 소중한 깨달음을 얻게 된 것이다.

회사가 법정관리에 있을 당시 CEO와 직원들 간에 위기극복을 위한 계층별 간담회를 한 적이 있었다. 회장님은 차분하면서 결의에 찬 눈빛으로 이야기를 시작했다.

"여러분, 회사가 힘들다고 의기소침하지 마세요. 다 지나가고 극복할 수 있습니다. 하지만 그냥 시간만 보내서는 이 위기를 극복할 수 없습니다. 그래서 이 위기를 극복하기 위해 회사가 여러분에게 당부하는 몇 가지를 이야기하고자 합니다.

첫째, 주인의식을 가지세요. 회사의 주인이 많아질수록 그 회사는 위기를 슬기롭게 헤쳐 나갈 수 있습니다.

둘째, 의사결정을 명확하고 철저하게 분석해야 합니다. 여러분은 전문가 입니다. 하지만 의사결정을 할 때는 회사와 고객의 입장에서 결정하는 것이 필요합니다. 장기적인 시각으로 제대로 된 결정만이 회사의 빠른 정상화와 미래를 보장할 수 있습니다.

셋째, 발상의 전환이 필요합니다. 회사는 누구의 아이디어로 움직이는 것이 아니라 여러분의 기획과 세부 계획으로 그 성과를 발휘하는 것입니다. 그 아이디어에 창의성이 발휘될 때 자신의 경쟁력을 인정받게 되고 회사의 가치도 올라가게 됩니다.

넷째, 원가의식을 가져야 합니다. 디자인, 설계, 개발, 차량 생산에 이르는 모든 과정에서 원가를 염두에 두며 일을 해야 합니다. 원가에 대한 인식이 바로 회사의 성과를 좌우하기 때문입니다.

다섯째, 문제의식을 가져야 합니다. 왜 일을 하는지 모르면서 일을 하는 것이 가장 큰 문제입니다. 모르면 아는 척하지 말고 끝까지 물어야 합니다. 사소한 것 하나하나에 많은 문제들이 숨어 있습니다.

여섯째, 인재를 육성해야 합니다. 역할을 분담하고, 책임감을 가지도록 해야 합니다. 잘 키운 신입사원이 회사의 미래입니다.

일곱째, 역사의식을 가지고 변화를 쫓아야 합니다. 전문지식과 역사를 통하여 미래의 변화에 대처해야 합니다. 독서와 외부전문교육을 통해 지속적으로 의식을 확장해 가야 합니다.

마지막으로 신입사원 때는 자신의 역량을 90% 이상 일을 위해 사용합니다. 하지만 CEO는 80%를 자기계발을 하고 인재를 육성하며 더 큰 미래를 준비하는데 사용합니다. 최소한 30% 시간을 자기계발에 힘쓰세요. 서로 같이 힘을 모아 이 위기를 잘 이겨내리라 저는 믿습니다."

회사의 CEO는 구성원들의 가장 큰 고객이다. 회사 내의 최대 고객인 CEO가 어려운 상황을 극복하기 위해 구성원에게 7가지를 당부했다. 그리고 그 첫 번째가 '주인의식'이었던 것이다.

'산다는 것은 삶의 주인을 찾는 과정이다.'라는 말이 있다. 삶의 위기를 극복하고, 행복한 동행을 위해서도 제일 필요한 것이 바로 주인의식이다. 주인의식이 없는 사람은 자신의 일과 삶을 일치시키지 못한다. 일과 삶의 불일치는 일에 몰입하지 못하고, 보람을 느끼지 못하는 환경을 스스로 만들게 된다. 하지만 주인의식이 있는 사람은 열정을 다해 자신의 일에 몰입하고 성과를 만들어서 진정한 행복의 주인이 되는 것이다.

대부분의 사람은 천재가 아니고 평범한 사람이다. 하지만 평범한 사람도 모든 일에 열정을 다함으로써 자신의 가치를 발휘할 수 있는 선택권을 가지고 있다. 그 선택권이 평범한 사람을 천재의 반열에도 오르게 할 수 있는 것이다.

마지막으로 우리가 기억해야 할 가장 중요한 것은 '열정을 선택할 수 있는 주인공은 바로 자신이다.'라는 사실이다.

03 '할 수 있을까?'를
'해 보자'로 바꿔라

사람이 행복을 느끼는 제일 쉬운 방법은 여행이다. 여행지를 알아보고 무엇을 볼지, 무엇을 먹을지, 어떤 체험을 할지에 대한 계획을 세우며 여행을 상상하게 된다. 여행에 대한 상상은 마음을 설레게 한다. 여행이 주는 이런 설렘은 새로움에 대한 도전과 호기심에서 오는 즐거움을 이끌어 내는 최고의 기회와 행복을 제공하는 것이다.

직장을 다니거나 사업을 하거나, 우리는 새로운 일들을 만난다. 새로운 일은 또 다른 책임을 필요로 한다. 그래서 대부분의 사람들은 새롭게 주어진 일을 '설렘'보다는 스트레스로 인식하게 된다. 여행이 주는 새로움은 기대와 호기심을 자아내고 마음에 힐링을 주게 되지만 일에는 책임을 수반하기 때문에 일을 즐겁게 받아들이는 사람이 많지 않은 이유도 여기에 있는 것이다.

즐겁게 일하는 사람과 일에 부담을 느끼는 사람들은 일을 대하는 태도에서 차이를 보인다. 그들은 일을 만나면 '한번 해 보자. 이 정도 쯤이야'라는 생각을 한다. 그들은 새로운 일을 만나면 여행을 하듯 일을 하는 것이다. 여행을 상상하듯 일을 상상하고 계획을 세우며 일을 하는 도중에는 그 순간순간을 즐길 방법을 찾기 위해 노력한다. 새로운 일을 통하여 자신이 성장하는 모습을 상상하고, 일을 하면서 얻게 되는 것들에 감사하는 마음을 항상 가지고 있기 때문에 '해 보자'는 태도로 일을 즐기는 것이다.

새로운 일이 닥치면 생각나는 코미디언이 있다. 바로 강호동이다. 씨름선수로서의 데뷔 해를 제외한 4년간 90%의 승률과 천하장사 5회, 백두장사 7회를 기록한 괴물이었다. 코미디로 제2의 인생을 선택한 그는 연예 프로그램에서 자주 하는 말이 있다. "드루와, 드루와, 컴온! 컴온!"이라는 말이다. 그는 돌발 상황에서 당당히 '컴온'을 외친다. '컴온'을 외치면서 기선을 제압하고 자신에게 극복할 수 있다는 확신을 심어준다. 무엇이든 해낼 수 있다는 자세를 잃지 않으려고 그는 항상 '컴온'을 외쳤던 것이었다.

나와 회사도 "컴온! 컴온! 한번 해 보자."를 절실히 외친 때가 있었다. 2009년 쌍용자동차파업이 마무리되어 다시 회사로 출근했다. 처음 불탄 사무실로 걸어 들어갔을 때 그을음과 시커멓게 타버린 사무실에서 덩그러니 남아있는 첫 딸아이의 사진이 눈에 들어왔다. 아내의 뱃속에 있는 둘째를 생각하니 눈물이 핑 돌았다. 주저할 시간이 없었다. 파업의 잔재가 고스란히 묻어있는 사무실과 현장을 보며 모두들 '해 보자'는 생각으로 팔을 걷었다. 불탄 건물에서 책상을 꺼내서 씻고, 컴퓨터와 서류를 새로운 사무실로 이전했다. 생산라인의 설비를 점검하고, 각종 자재에서 수북이 쌓인 먼지를 털어내며 '이제 제대로 할 수 없으면 다음은 죽음이다.'라는 절실함 밖에 없었다. 모두의 마음이 모여 생산라인에는 공구 소리가 들리기 시작했다. 예전에는 지겹게만 들리던 공구 소리가 그때는 정말 천상의 멜로디로 다가왔다.

사무실에서는 코란도C 프로젝트를 마무리하기 위한 각종 회의와, 연구개발, 품질확보, 생산준비를 위한 치열한 일들이 벌어졌다. 이 차를 성공적으로 출시하지 못하면 다음은 없다는 결의가 열정으로 피어났다. 미래의 고객을 불러들이지 못한다면 우리에게 미래는 없다는 마음으로 모두가 하나 되어 '컴온'을 외쳤던 것이다.

'할 수 있을까'와 '해 보자'의 차이를 만드는 것은 일을 대하는 태도지만 그 이면에는 도전을 어떻게 받아들이는가 하는 생각의 차이가 있다. 새로운 일이 닥쳤을 때 도전의식이 강한 사람은 쉽게 '해 보자'는 마음을 가질 수 있다. 하지만 일에 대한 경험이 부족하고 소극적인 사람의 경우 새로운 도전 앞에 움츠려드는 것이 사실이다.

우리는 가정, 직장, 사회에서 어떤 역할을 부여 받는다. 경제적인 역할과 교육, 화합, 사회적인 역할을 맡게 되며, 그 속에서 많은 일들과 마주치게 된다. 다양한 역할에는 책임이 따른다. 하지만 책임 속에는 성과를 낼 수 있는 기회가 숨어 있다.

세상에 변하지 않는 것은 없듯이 자신의 역할과 책임도 변한다. 가족 구성원들이 성장하고 직급이 변하며 사회적인 인맥과 관계 또한 변하게 된다. 더불어 역할과 책임의 강도도 변화하는 것이다. 아이들의 독립성이 커지면서 부모의 역할이 변하고, 직급이 변하면서 관계와 일의 조화를 위한 리더십, 경청과 배려를 요구받게 된다. 이렇듯 우리는 다양한 변화를 겪게 되고, 변화 속에서 새로운 일과 마주하게 되는 것이다. 그리고 기억해야 할 것은 변화와 새로운 일에서 우리는 '해 보자'를 외쳐야 한다는 사실이다.

어느 날 첫째와 둘째 아이와 이야기를 하고 놀이를 하던 중 '몰라, 못해'라는 말을 습관적으로 쓰는 것을 알았다. 그 모습을 보니까 나의 어린 시절이 생각났다. 2남 6녀의 막내로 큰형님과는 16살 차이가 난다. 그렇다 보니 형님이 아버지로 여겨졌었다. 형님은 내가 이야기할 때마다 '몰라'라는 말을 습관적으로 하는 것을 알고 "앞으로 한번만 더 '몰라'란 말을 하면 정말 엄청 맞을 줄 알아."라고 말하며 엄청 꾸짖었다.

이 말에 나는 '몰라'라는 말을 하면 큰일 나는 줄 알았다. 하지만 그때 형님의 그 말이 내가 인생을 살아가면서 적극적으로 '배움'을 구하는데 큰 영향을 미친 것을 알게 되었다. 그래서인지 아이들이 무의식적으로 하는 '몰라'라는 말을 그냥 두고 볼 수 없었다. 그래서 아이들에게 '몰라'라는 말을 종이에 적게 하고 산으로 향했다.

"예진아! 정원아! 우리 이제 '몰라', '못해'라는 말을 땅에다 묻자. 이제 너희 인생에 이제 '몰라', '못해'라는 말은 없는 거야. '몰라', '못해'라는 말을 벗어나 더 예쁘고 멋진 예진이와 정원이가 되는 거야. 박수 짝짝짝!" 그리고 아이들은 재미있어 하며 '몰라'와 '못해'라는 말이 적힌 종이를 땅에다가 정성스럽게 묻었다. 아마 아이들은 자신이 한 약속을 지키기 위해 항상 노력하며 이 일을 평생 기억할 것이다.

아이에서 어른으로 성장한다는 것은 매일매일 새로운 것을 접하는 것이다. 새로운 환경과 만남에서 지혜를 쌓고 성장에 성장을 거듭한다. 이런 과정에서 두려움이 생기는 것은 당연한 것이다. "싫어, 몰라, 못해!"라는 말은 아이들이 새로운 환경과 활동, 배움에 대한 저항을 표현하는 말이다. 이 말에는 새로운 상황에 대한 두려움이 서려있고 두려움은 아이가 어른이 되고, 어른이 진짜 어른이 되기 위해 극복해야 하는 과제인 것이다.

우리는 회사에서 항상 새로운 일과 마주하게 된다. 새로운 일과 부딪힐 때 약간의 두려움을 갖는 것은 당연할 수 있다. 하지만 그 두려움에 먹이를 주면 안 된다. 두려움에 먹이를 주면 두려움은 또 다른 두려움으로 다가온다.

두려움을 극복하기 위해서는 용기가 필요하다. 용기는 두려움에 대한 저항으로, 자신의 성장한 모습을 상상할 수 있을 때 마음속에서 솟아난다. 용기를 가지게 되면 새로운 일에서 '설렘'과 '미래의 희망'

에 먹이를 주게 되고, 진정한 삶의 여행을 떠나게 한다.

　누구에게나 '할 수 있을까?'를 '해 보자'로 바꿀 수 있는 용기가 있다. 변화와 새로움 속에서 회사가 바라는 성과에 당당하기 위해서 우리가 꺼낼 수 있는 마지막 카드는 '긍정적인 용기'인 것이다. 이 용기의 카드는 도전에 당당한 자신을 만들며, 진정한 성과와 성장의 주인으로 당신을 행복하게 만든다는 것을 잊지 말아야 할 것이다.

04 고객의 기준으로
   일하라

루이치아 베네통은 말한다.

"고객을 만족시켜라. 처음에도, 맨 나중에도, 그리고 항상!"

회사가 존재하는 이유는 고객이다. 고객의 니즈를 정확히 파악하고 숨은 욕구까지 파악한 기업은 성장에 성장을 거듭한다. 하지만 고객의 니즈 파악에 실패한 기업은 시장에서 쓸쓸히 퇴출되는 것이다. 그렇기 때문에 회사에서 일어나는 모든 의사결정의 기준이 고객이 되어야 하는 것이다.

고객의 니즈를 파악하여 변화를 이루어낸 구찌의 예가 있다.

1923년 이탈리아 피렌체에서 탄생한 구찌는 1995년 도메니코 드 솔레가 CEO를 맡았을 당시, 사공이 많은 가족기업의 폐해를 그대로 보여주고 있었다. 매출은 추락하고 이를 메우기 위해 라이선스 고삐가 풀리면서 운동화, 카드, 위스키 등 2만 2천 개의 상품에 구찌 문양이 부착되고 있었다. 지나친 노출로 인해 최고가의 브랜드의 자리를 내주었고 값이 떨어진 브랜드로 전락했다.

이런 구찌를 살리기 위해 드솔레 팀은 현실을 냉정하게 분석하는 데서 출발했다. 희망 섞인 철학이 아니라, 데이터와 근거를 가지고 문제에 접근했다. 데이터와 근거에서 밝혀진 결과는 놀라웠다. 대부분 성공한 제품들은 전통적인 고전 스타일이 아니라 최신 유행 스타일에 있었던 것이다. 평생 간직하던 전통적인 스타일의 구찌가 아니라 패션과 최신유행을 이끄는 구찌 브랜드를 고객은 원하고 있었던 것이다. 이런 결과를 토대로 드솔레는 에르메스와 어깨를 나란히 하던 최상위 명품 브랜드를 포기하고, 프라다와 루이비통과 비슷하게 대중을 겨냥한 명품 시장에 자리 잡기로 목적을 바꾸었다. 그리고 그는 새로운 고객이 원하는 새로운 시장에서 구찌를 재건하였다. 다시 말해 드솔레는 '유행 선도, 높은 품질, 바람직한 가격'이라는 목적을 앞세워 고객이 바라는 시장에 다가간 것이다.

고객은 외부고객과 내부고객으로 나눌 수 있다. 외부고객은 실질적으로 제품을 구매하는 고객과 구매에 영향을 미치는 잠재고객들 모두를 의미한다. 반면 내부고객은 제품이나 서비스의 개발에 관여하는 경영자, 주주, 상사, 동료, 후배, 협력업체로 나눌 수 있다.

회사에서는 다양한 내부고객과 외부고객이 함께 일을 한다. 외부고객의 입장에서 일의 성과를 고려해야 하는 것은 기본이며, 상사와 때로는 후배의 입장에서도 일을 해야 하는 것이다.

'외부고객의 입장'에서 일을 한다는 것은 실질적인 구매에 영향을 미칠 수 있는 '가치'를 증진시키는 관점으로 일을 한다는 것을 의미하며, '상사나 최고 경영자의 입장'에서 일을 한다는 것은 성과가 회사에 미치는 파급효과를 예측하여 일을 하는 것이다. 또한 '후배의 입장'에서 일을 한다는 것은 후배의 성장과 미래의 업무환경을 고려한다는 의미다. 다시 말해 회사와 고객에 피해가 가지 않는 최소의 범위에서 후배의 장점을 살릴 수 있는 기회를 줌으로써 자신감을 부여하고, 미래의 인재로 우뚝 설 수 있는 경험을 쌓게 하는 것이다.

한번은 팀에서 부서 교안을 만드는 프로젝트를 진행하였다. 부서의 광범위한 업무영역 때문에 선배들이 포기한 업무였다. 같이 입사한 동기 네 명은 제대로 된 교육을 받지 못하고 실전에 바로 투입되어 엄청 고생을 했다. 결국 불합리한 업무형태와 회사의 어려움이 겹쳐서 동기들과 후배들마저 떠나는 상황이 펼쳐졌다. 이런 열악한 배움의 환경과 경험 때문인지 나에게는 '후배들에게는 제대로 된 교육을 통해 제대로 성장할 수 있는 기회를 만들어 주고 싶다.'는 바람이 생겼다. 어쩌면 인턴시절부터 고생을 하고, 교안을 만들게 된 것이 예정된 일이었다고 생각이 들었다.

2007년에 처음 교안 작성 프로젝트를 시작하면서 교안 목차를 만들기 시작했다. 첫 해에 교안을 만들고 프로젝트를 종료하는 것이 부서의 목표였다. 하지만 목차를 만들어 교안관련 자료를 수합하던 중

중구난방으로 산재된 자료를 발견하게 되었다. 후배들에게 제대로 교육을 시키고 일을 스스로 찾아서 진행하기 위해서는 자료정리가 시급했다. 자료를 정리하면서도 무작정 정리를 할 수는 없었다. 신차 개발 프로세스에 맞게 폴더의 순서를 정하고, 업무의 특성에 따라 구분할 수 있는 표준이 필요했다. 부서공청회를 통하여 부서 폴더를 표준화하고 신차 프로젝트 진행 시에 자료를 저장하는 오류를 방지하기 위해 아예 프로젝트 진행을 위한 표준 폴더까지 만들었다. 이렇게 교안작성 프로젝트의 범위는 점점 더 넓어지기 시작했다.

교안작성으로 시작된 프로젝트는 부서의 폴더를 표준화, 업무자료의 이름을 표준화, 신차개발업무 프로세스까지 영역이 확장되었다. 교안의 작성범위도 우리 팀의 범위에서 자동차를 개발하는 전체의 과정 중 생산기술이 담당하는 업무의 전반적인 사항까지 포함되었다. 목차의 앞부분은 공통적인 팀들의 내용을 담고, 부서별 세세한 업무를 본론으로 배치함으로써 타 팀에서도 우리 팀의 교안을 활용하여 교육이 가능하도록 만들었다.

뿐만 아니라 이직이 심각한 상황에서 노하우의 전수와 지식자료의 체계적인 관리가 필요했다. 이런 상황에서 우리 팀의 교안 프로젝트가 모범사례가 되어 지식자료의 포털 사이트까지 구축하게 되었다. 또한 신입사원 교육에 대한 체계적인 프로세스를 구축완료 후에도 직급별 전문화된 교육을 위한 지속적인 교육체계의 구축 및 교안작성을 하게 되었다.

교안 프로젝트의 범위가 넓어지면서 2009년으로 예정된 교안작성은 2011년이 되어서야 비로소 편찬되었다. 하지만 교안작성이라는 프로젝트는 체계적인 교육체계 구축, 부서의 폴더 표준정립, 지식자료 네이밍 표준정립, 지식경영을 위한 사이트를 구축으로 EASY ACCESS 업무환경 조성이라는 몇 배의 성과를 이룬 프로젝트로 기억되었다.

교안 프로젝트의 처음 고객은 신입사원이었다. 하지만 시간이 지날수록 부서전체와 생산기술부문의 모든 사람들이 고객이 되었다. 부서 전체의 의견공유로 고객의 범위가 팀으로 확대되고, 담당 중역의 의지가 더해져서 생산기술 부문 전체로 고객이 확대된 것이었다.

고객이 확대된다는 것은 여러 가지 의미가 있다. 일의 범위가 넓어지며 맡게 될 책임도 증가한다. 하지만 더욱 중요한 것은 자신의 능력과 성과의 가치를 더 높일 수 있는 기회의 문이 활짝 열린다는 사실이다.

회사에서는 진정한 성과를 판단할 수 있는 거울이 필요하다. 경영자에게는 직원이 속마음이 거울이듯이 성과의 거울은 고객의 속마음이다. 경영자가 직원의 속마음을 몰라주면 직원은 자신의 일에 최선을 다하지 않게 되는 것이며, 회사가 고객의 속마음을 몰라주면 고객은 회사의 제품과 서비스에 눈길을 주지 않게 된다. 성과가 물거품이 되어 날아가 버리는 것이다.

고객의 만족 없이는 회사는 존재하지 않는다. 소비자, 회사, 상사,

동료, 후배, 협력업체 등 모든 사람이 고객이며 심지어 가족도 내가 만족시켜야 할 고객이다. 이런 고객의 속마음을 사로잡는 것이 성과를 인정받는 유일한 방법이다. 그리고 고객의 마음을 얻는 성과만이 진정한 행복을 통해 예견된 미래를 이끈다는 사실을 잊어서는 안 된다.

05 제대로 된 프로세스가
성과를 만든다

얼마 전 고령의 가얏고 마을을 다녀왔다. 첫째 딸의 생일 때 가야금 선물을 약속했었다. 보다 뜻깊은 가야금 선물을 고민한 아내 덕분에 가야금 제작 체험과 명장의 가야금을 받을 수 있다는 프로그램에 참석하게 되었다.

가야금은 법금과 산조가야금으로 나뉜다. 우륵 이후 연주했던 최초의 법금과 빠른 장단을 연주하기 쉽게 만들어진 산조가야금으로 구분된다. 요즘에는 보통 가야금이라고 말하면 산조가야금을 말한다.

가야금은 크게 울림을 담당하는 몸통, 소리를 담당하는 12현, 12현과 몸통을 연결시켜주는 안족으로 그 기능을 구별할 수 있다. 가야금의 몸통은 오동나무로 만들어진다. 오동나무는 5년에서 7년까지 자연건조 과정을 거친다. 산조가야금의 윗면은 울림이 좋고 가벼운 오동나무를 사용하며, 뒷면은 뒤틀림을 방지하는 밤나무를 사용한다. 전체가 오동나무인 법금과는 다른 것이다.

윗면의 오동나무와 아랫면의 밤나무를 붙이고 나면, 몸통의 표면을 불에 그을리는 과정을 거친다. 이렇게 불로 그을려진 표면은 세월을 견디게 한다. 몸통이 만들어지면 명주실을 매는 좌단과 현침을 만들고 반대편에 부들을 고정할 수 있는 봉미를 만든다. 그리고 12현의 명주실과 면사를 꼬아 만든 부들을 연결하게 되며, 몸통과 12현을 연결하는 안족을 세워야 비로소 음을 내기 시작한다. 누에고치에서 뽑은 명주실은 가닥수에 따라 각기 다른 음을 내게 된다. 10가닥을 꼬아서 만든 높은 '라'에서 시작하여 26올을 꼬아 만든 낮은음 '레'까지 12음을 내게 되는 것이다.

1박 2일의 체험에서 첫째 날은 가야금을 만들고 둘째 날에 조율을 했다. 조율을 하는 동안에도 명주실의 상태, 장력, 음의 높낮이와 같은 세세한 조정이 이루어졌다. 첫째 날에 조율을 하지 않은 이유가 궁금해서 물었더니 "명주실의 늘어나는 특성 때문에 제작 다음날 조율을 해야 합니다."라고 김동완 명장은 말했다. 그리고 "얼마나 많은 공정이 있나요?"라는 질문에 "200개 정도의 공정이 있고 수천 번의 손길이 있어야 제대로 된 소리가 납니다."라고 대답했다. 이렇듯 소리의 완성은 악기의 완성에 그치지 않았다. 악기를 만드는 수백 개의 공정과 수천 번의 손길로 천년 세월에도 변하지 않는 소리가 태어난 것이었다. 소리의 숨겨진 비밀이 '제대로 된 프로세스'에 있었던 것이었다.

회사는 제품이나 서비스를 통해 고객에게 가치를 인정받는다. 고객을 위한 가치 있는 제품과 서비스를 생산해 낼 때만이 회사는 시장에서 살아남는 것이다. 그렇기 때문에 고객에게 가치를 제공하는 모든 과정이 무척 중요하다. 고객은 제품과 서비스로 회사의 가치를 평가하지만 회사의 숨은 가치는 바로 프로세스에 있다. 그래서 프로세스 이노베이션이라는 말이 나오고, 프로세스의 중요성이 대두된 것이다.

비즈니스 프로세스의 사전적 의미를 살펴보면 '고객에게 줄 가치를 창출하는 일련의 반복적 업무활동의 집합'을 뜻한다. 프로세스가 바로 가치를 지닌다는 것이다. 고객의 니즈가 변하듯 프로세스도 개선의 개선을 거듭하며 변화한다. 치열한 경쟁사회에서 보다 더 높은 성과를 창출하고, 고객에게 더 큰 가치를 제공하기 위해서 지속적인 프로세스의 개선은 필수다. 글로벌 기업환경에서 살아남기 위해서는 고객에게 가치를 제공하기 위한 제대로 된 프로세스가 바로 기업의 경쟁력이며 자산이 되는 것도 이런 이유 때문이다.

프로세스의 중요성이 모든 기업에서 인식되고 있다. 이 시점에 우리는 정말 프로세스의 핵심적인 역할이 무엇인지를 다시 한 번 고민해봐야 한다. 프로세스는 기업의 경쟁력이 되고 고객에게 제대로 된 가치를 심어주어야 한다. 하지만 대부분의 기업에서 프로세스를 관리를 위한 도구로 인식하고 있는 것이 현실이다.

관리를 위한 프로세스는 또 다른 일을 낳고 기업의 경쟁력을 약화시킨다. 그렇기 때문에 프로세스가 창출해야 할 가치의 본질을 정의

하는 것이 우선이다. 가치의 본질이 정의되면 핵심적인 프로세스만 남게 된다. 이렇게 남겨진 핵심 프로세스에 역량을 집중하여 고객이 가치 있게 생각하는 성과를 만들어야 하는 것이다.

자동차를 개발할 때도 가치를 창출하기 위한 여러 단계의 프로세스를 거치게 된다. 시장조사를 통한 상품구상 및 기획, 제품 디자인, 설계, 제품개발, 생산라인 구성 및 품질확보, 제품출시라는 일련의 과정을 거치는 것이다. 나는 여러 개의 신차 프로젝트와 크고 작은 프로젝트를 경험하면서 업무 프로세스의 중요성을 누구보다 절실히 경험했다. 그래서 한 가지 교훈을 얻었다.

'자동차의 가치와 품질의 80프로는 디자인과 설계품질에 따라 결정된다.'

신입사원 시절과 대리 시절에는 닥치는 문제들을 해결하기 바쁜 하루하루를 보냈기 때문에 이런 생각과 원리, 원칙 같은 말은 공허한 메아리였다. 정해진 스케줄에 맞추어서 문제를 해결해야 했고, 여러 부서와 연결된 일들이 많았기 때문에 사람에 대한 스트레스도 만만치 않았다. 바쁘고 힘든 상황을 겪으면서 '왜 이렇게 바쁜 것일까?'라는 질문을 스스로에게 끊임없이 던졌다.

품질확보를 위한 TFT를 운영할 때는 다들 바쁜 상황에서 회사를 위해 서로서로 도와 가면서 힘든 상황을 해결해야 하는 일이 많았다. 이런 반복되는 문제에 대해 지속적으로 의문을 제기하고 원인을 체계적으로 정리하기 시작했다. 정리를 시작하면서 많은 자료와 데이터를 모았다. 모은 자료에서 핵심을 추출하면서 새로운 시도를 하고, 개념을 정리해 나갔다. 이런 일을 하는 동안 혼자라는 생각이 많이 들었다. 하지만 '지금까지 이 일에 대해서는 내가 가장 많이 경험을 했고 그 경험을 나누기 위한 자료를 만들어 놓지 않으면 누군가는 내가 했던 경험을 또다시 하면서 힘든 시간을 견뎌야 한다.'라는 절실함이 항상 내 머리에 맴돌았다. 그리고 어느덧 이것은 나의 신념이 되어 한 계단 한 계단씩 새로운 길로 나를 이끌었다.

일에 대한 신념을 통해 다다른 것은 '품질의 80프로를 결정하는 디자인과 설계품질에서 완벽을 추구해야 한다.'는 결론이었다. 하지만 설계자들의 특성상 오픈마인드를 가진 사람이 많지 않았다. 설계를 한다는 특성 때문에 전체를 보기보다는 자신의 영역에 국한되는 경우가 많았고, 고집 또한 만만치 않았다. 방어막을 먼저 쳐버리는 설계자들을 설득하기 위해서 수없이 많은 데이터를 제시해야 했다. 이런 노력으로 서서히 생각이 공유되면서 '새로운 개념으로 품질에 접근해야 한다.'는 필요성이 인식되기 시작했다.

새로운 개념을 적용하기 위해 관련부서의 끊임없는 설득과 조율이 필요했다. 이런 과정이 몹시 힘들었던 적이 많았다. 하지만 물러설 수 없었다. 새로운 돌파구가 필요했고, 물러서지 않기 위해 자신을 채찍질할 수 있는 또 다른 방법이 필요했다.

마침 자신의 분야에 대한 연구를 발표하는 생산기술 세미나가 한 달 후에 열린다는 것을 알았고, 자진해서 참석했다. 팀을 대표해서 성과를 발표하는 자리였기 때문에 더 많은 데이터를 준비하고, 자신의 이론에 신뢰성을 더하는 명확한 개념정립이 더더욱 필요했다. 그 누구도 해보지 않았던 품질에 대한 회사의 표준목표를 세우고, 평가의 수준을 정해 나갔다. 수십 번의 리허설을 통해 원고를 보지 않고 참석자들과 눈을 마주하면서 세미나를 진행할 수 있었다. 그리고 당당히 1등의 영광을 얻었다. 1등의 영광도 중요했지만 더 중요한 것은 '내가 경험했던 프로세스를 체계적으로 정리해서 품질의 격을 높였다.'는 자부심이 나의 가슴 속에 남았다는 사실이다.

세미나에서 1등을 한 후에도 보다 더 혁신적인 프로세스 개선을 위해 나의 도전은 계속되었다. 티볼리 개발 당시 미래의 품질을 상상하고 보다 나은 품질을 위해 더욱 체계적이며 새로운 방법들을 디자인과 설계에 반영해 나갔다. 이런 노력으로 티볼리의 품질은 기존 차종 대비 한 단계 도약을 했다는 호평을 받았고, 나 자신에게 잊지 못할 인생의 작품으로 남게 되었다.

부족한 인력 속에서도 이런 일을 해낼 수 있었던 것은 '후배들에게 일을 처리하는 제대로 된 프로세스와 선배의 경험을 전해 줄 수 있는 자료를 남겨 줄 것이다.'라는 신념이 있었기 때문에 가능했던 것 같다. 그리고 그 신념을 지킨 것이 제일 큰 행복이었다.

지금은 또 다른 도전을 시작 했다. 코란도C의 후속모델인 C300 프로젝트의 새로운 프로세스를 상상했고, 이미 나는 그 모습을 보고 있다. 그리고 2019년 C300의 탄생은 나와 우리의 손에서 시작되고 있다.

누구나 회사에서 일을 처리하고 프로젝트를 진행하는 사이클이 있다. 하지만 이 사이클을 고객에게 가치를 창출할 수 있는 프로세스로 만드는 사람은 많지 않다. 그 이유는 일의 본질을 파악하여 핵심적인 일을 뽑아낼 수 있는 능력을 갖추기 위해 많은 도전과 시련을 이겨내야 하며 상당한 시간이 걸리기 때문이다. 만약 일의 핵심을 프로세스에 녹이지 못하면 제대로 된 가치가 발휘되지 않는다. 그렇기 때문에 제대로 만들어진 프로세스는 회사의 경쟁력이며 더 나아가 끊임없이 성장할 수 있는 자신의 경쟁력이 되는 것이다.

리엔지니어링의 창시자 마이클 해머(Michael Hammer)는 '성과의 획기적인 향상을 이루기 위한 비즈니스 프로세스에 대한 본원적인 사고의 변경 및 근본적인 재설계가 필요하다."고 이야기했다. 고객에게 가치를 한번 선물하기 위해서는 행운에 의지할 수도 있다. 하지만 지속적인 가치를 창출하고 고객을 만족시키기 위해서는 제대로 된 프로세스의 힘에 의지해야 한다.

제대로 된 프로세스가 지속적인 성과를 만들고 자신의 가치를 더 고양시킨다. 하지만 도전은 여기서 끝나면 안 된다. 제대로 된 프로세스에 또 다른 도전을 준비해야 한다.

수백 개의 공정과 수천 번의 손길로 천 년 세월을 견디는 가야금 소리가 태어나듯 '미래의 성과는 끊임없이 진화하는 프로세스가 보장한다.'는 것을 명심해야 하는 이유가 여기 있는 것이다.

06 '성실'과 '성과'는
다른 말이다

"최 대리는 사람은 참 성실해. 그런데 뭔가가 부족해."

"그러면 김 대리는 어때?"

"김 대리! 걔는 정말 할 일 다 하고 놀 거 다 노는 애야. 항상 웃으면서 예의까지 바르니 그야말로 엄친아다."

'저 사람 성실해', '참 부지런해'라는 말이 미덕인 때가 있었다. 지금도 성실함과 부지런함은 한 사람의 경쟁력이다. 하지만 이런 성실함과 부지런함이 꼭 '성과'를 의미하지는 않는다. 성과라는 것은 고객이 있는 결과물이지만 성실함과 부지런함은 그 사람의 행동을 보고 판단하는 것이기 때문이다. 성실하고 부지런한 사람이 성과를 내면 금상첨화지만 그렇지 않으면 정말 머리 아픈 상황이 펼쳐지는 것이다.

중국의 동쪽 산둥성에 모소 대나무를 키우는 농부들이 있었다. 농부들은 수년 동안 물을 주고 정성을 다하지만, 어찌된 일인지 대나무는 2년이 지나도록 싹을 틔우지 않았다. 4년이 지나서 겨우 3cm밖에 자라지 못했다. 이 모습을 본 다른 지방 사람들은 농부들이 어리석다고 생각했다

그리고 다시 한 해가 지났다. 무려 4년이라는 시간 동안 이곳의 대나무는 마치 죽지 않고 겨우 살아 있는 것 같았다. 겨우 3cm를 자란 대나무에 농부들은 여전히 물을 주며 정성껏 보살피고 있었다.

그리고 5년이 흘렀다. 그동안 꼼짝도 하지 않던 대나무들이 갑자기 싹이 돋아났다. 그것도 헤아릴 수 없을 정도로 많이, 한꺼번에 말이다. 그리고 모든 대나무가 하나도 빠짐없이 엄청난 속도로 자라기 시작했다. 하루에 30cm 이상으로 쭉쭉 자랐다. 그리고 6주라는 시간이 흐르자 15m 이상으로 자란 대나무들은 울창한 숲을 만들었다. 그제야 농부들은 칼을 꺼내서 대나무를 베어 내기 시작했다.

이 광경을 직접 본 사람들은 믿어지지 않았다. 이 기이한 현상에 마을 노인은 이렇게 이야기했다. "대나무는 4년 동안 보이지 않는 곳에 땅속 깊이깊이 자신의 뿌리를 내린 거야. 무려 수백 평방미터에 이르는 곳까지 뿌리를 내리면서 차곡차곡 자양분을 모은 것이지. 보이지는 않았지만 저 땅 밑에서 5년 후를 준비한 거야. 그리고 싹이 돋는 그 순간부터 모아두었던 엄청난 자양분을 가지고 성장하는 거라네. 대나무는 그렇게 준비한 거야. 다른 사람들이 눈치채지 못했을 뿐이라네."

모소 대나무의 일화에서 보듯이 농부들이 부지런히 일해도 다른 지방의 사람들이 어리석다고 한 이유는 4년 동안 그렇게 씨를 뿌리

고 물을 주고 거름을 주었는데도 3cm밖에 자라지 않은 대나무를 보고 그렇게 이야기한 것이다. 하지만 5년째 되던 해부터 하루에 30cm 이상으로 자라기 시작하여 6주 만에 15m 높이의 엄청난 대나무 숲을 이루는 것을 보고 사람들은 기절초풍한 것이다. 이것이 바로 성실과 성과의 차이다. 가치를 포함하는 결과물을 보이지 못한 상태에서 부지런히 일한 것은 절대 성과로 인정받지 못한다. 하지만 부지런히 일해서 팔 수 있는 결과물인 대나무를 길러낸 농부들은 대나무 농사의 달인이 되어 자신들의 성과를 제대로 인정받는 것이다.

엠제이 드마코의 『부의 추월차선』에서 파라오의 동갑내기 조카인 추마와 아주르가 피라미드를 건축하는 이야기가 나온다. 아주르는 파라오의 신성한 임무를 받은 즉시 일을 시작하고, 1년간의 고된 노동으로 피라미드의 사각대형을 거의 완성한다. 하지만 1년이 지나도록 추마의 피라미드 자리는 공터로 남아있었다. 궁금해진 아주르는 추마의 집을 찾아갔다. 추마는 헛간에서 무언가 열심히 만들고 있었다. 그 모습을 보고 아주르가 끼어들었다. "추마, 도대체 뭘 하고 있는 거야? 만들어야 할 피라미드는 만들지도 않고 여기 갇혀서 이상한 기계나 만지작거리면서 시간을 보내고 있다니!"

추마는 미소를 띠며 말했다. "난 지금 피라미드를 만드는 중이야. 날 그냥 놔 둬."

아주르는 코웃음을 쳤다. "그래, 그러시겠지. 1년 동안 돌 하나 쌓지 않은 주제에!"

추마는 아주르의 비난에 꿈쩍하지 않은 채 맞받아쳤다. "아주르, 너는 부자가 되겠다는 욕심에 눈이 멀어서 멀리 내다보지 못하고 있어. 너는 네 피라미드나 신경 써. 나는 내 피라미드에 신경 쓸 테니."

일을 시작한 후 3년 동안 아주르는 체력을 길러 자신의 힘만으로 피라미드를 지었다. 반면 추마는 3년이 되어 지지대, 바퀴, 지렛대, 밧줄 등이 복잡하게 얽힌 25피트(약 8미터)에 달하는 거대한 기계를 천천히 몰고 나타났다.

결국 추마는 8년이 지난 26세의 나이에 피라미드를 완성했다. 반면 아주르는 40년 동안 12층의 피라미드를 쌓았고, 마지막 2층을 쌓으면 완성인데 그 순간도 보지 못하고 쓸쓸히 세상을 떠난 것이었다.

이 이집트의 피라미드 우화에서 아주르와 추마의 어떤 선택과 생각의 차이가 이렇게 다른 결과를 낳았을까?

구분	추매(시스템적 사고)	아주르(즉흥적 사고)
미래예측	○(피라미드 제작과정의 이해)	×(닥치는대로 일을 처리함)
한계설정	○(자신의 힘만으로 불가)	×(힘을 키워 일을 처리함)
기존방식 탈피	○	×
일의 주체 설정	새로운 시스템	자신
일의 분석과 시트템고안 투입시간	3년	닥치는대로 생각
자신이 일한 기간	3년	죽을 때 까지
시스템이 일한 기간	5년	없음
보상기간	평생	없음
창조적 시스템 개발능력	최상	최하

[표 2-1] 가치창출 시스템 비교

위의 표에서 보듯이 추마는 피라미드 건축이라는 파라오의 임무를 기회로 받아들여, 자신과 임무에 대한 생생한 상상을 통하여 미래를 예측하고 설정하였다. 또한 전체적인 시각으로 기존 방식의 한계 상황을 인지하여 피라미드라는 성과를 내기 위해 새로운 시스템을 만들어야 한다는 것을 깨달았다. 그리고 3년이라는 시간 동안 계획 (생각), 실행, 보완, 학습이라는 창조활동을 끊임없이 반복하였다. 결국 추마는 피라미드를 짓는 자신만의 가치창출 시스템을 만들었고, '성실'을 넘어 '성과'의 주인공이 된 것이다.

나 또한 피라미드 일화처럼 일을 하고 인생을 살면서 '성실'과 '성과'의 차이를 보여주는 경험이 있다. 그것은 바로 책 읽기와 책 쓰기였다. 이지성 작가의 『독서천재가 된 홍 대리』를 읽고 자극을 받아서 끊임없이 책을 읽었다. 일어나서부터 잠들 때까지 책을 읽고 또 읽었다. 3개월간 100여 권의 책을 읽으면서 나의 의식이 조금씩 변해가는 것 같았다. 하지만 3개월이 지나면서 책 읽기는 어느덧 시들해져 갔다. 단순히 책을 읽는 데서 끝났기 때문이었다. 책 읽기를 처음 시작하면서 '나 자신을 바꿔야 한다.'는 절실함이 있었다. 하지만 내가 진정으로 원하는 목표가 없었다. 그래서 처음의 책 읽기는 그냥 성실히 책만 읽는 데서 끝이 났다.

독서에 대한 또 다른 변화는 36살 때 찾아왔다. 셋째를 준비하던 중 연이은 유산으로 아내는 삶에서 무엇이 중요한가를 고민했고, 나 또한 '내 인생에서 정말 무엇이 제일 중요한 것 일까?'를 수없이 고민했다. 그리고 내 인생에 물러서지 않는 독서를 시작했다.

책을 통해서 본받아야 할 습관과 방식들을 정리하고 메모하며 내 삶으로 끌어들였다. 이런 책 읽기와 실천의 과정을 겪으면서 '내가 진정으로 원하는 삶은 어떤 삶인가?'를 끊임없이 정리하기 시작했다. 70세에는 내가 어떤 모습의 남편이고 아빠이며 어떤 사회적 관계를 맺고 있을까를 적었다. 그리고 나의 사명서에 '나는 메신저로서 나의 깨달음과 열정을 전파하는 행복한 코치다.'라는 한 줄의 메시지를 남겼다.

책 읽기에서 실천의 과정과 습관이 더해지던 중 우연히 김태광 작가의 『마흔, 당신의 책을 써라』를 읽게 되었고, 메신저의 삶을 위해 책 쓰기에 도전하였다. 책을 쓰기 위해 많은 책을 읽고 '책 쓰기를 위한 사고'로 책을 대하기 시작했다. 책의 한 줄 한 줄 메시지 하나하나를 보는 나의 태도와 눈빛은 어느덧 작가의 관점으로 변하고 있었다. 그리고 2016년 출판하지 못한 성공적인 삶에 관한 초고를 완성하였다.

'초고는 걸레다.'라는 말이 있지만 나의 초고는 내 인생의 큰 도화지에 내가 걸어가야 할 올바른 길을 적었기 때문에 어떤 걸레보다 나의 인생을 깨끗하게 닦아줄 작품이 되었다. 그래서 나의 초고는 더없이 소중하다. 책 읽기를 통한 '성실했던 삶'은 책 쓰기를 시작하며 '성과를 내는 삶'으로 나를 이끌고 있는 것이다.

'성실'과 '성과'는 다른 말이다. 자신의 일에 노력하는 것은 성실

성과를 내는 사람들의 공통점이다. 하지만 성실과 성과에는 커다란 차이가 있다. 그것은 '가치'다. 일을 통해 가치를 만들어 내는 사람은 성과를 인정받지만 가치를 만들어 내지 못하면 '그냥 성실한 사람'으로 남게 된다.

모소 대나무가 수백 평방미터에 뿌리를 내리듯 자신의 일에 성실히 뿌리를 내리는 노력은 당연히 필요하다. 하지만 이런 노력만으로는 성과에 생명을 불어넣지는 못한다. 성과에 생명을 불어 넣는 방법은 목표를 가치로 바꾸는 철저한 계획과 열정을 필요로 한다. 철저한 계획과 열정은 시련과 도전의 연속된 과정을 극복하게 하고 우리에게 진정한 가치를 지닌 성과를 보장하는 것이다.

누구나 성실을 넘어서 성과에 이르는 과정을 겪는다. 나 또한 독서습관을 바꾸고, 책 쓰기를 통해 인생을 바꾸는 과정을 겪었다. 그 결과 나만의 학습시스템과 가치창출 시스템을 만들게 된 것이다.

"당신은 지금 자신의 일을 가치로 만드는 시스템을 가지고 있는가?"

만약 없다면 목표를 가치로 만드는 과정 속으로 용기를 내어 뛰어들기 바란다. 그것만이 자신의 일을 위해 행복의 파랑새가 노래하는 유일한 길이기 때문이다.

07 성과를 중심으로
일하는 기술을 배워라

후배들과 이야기를 하다가 배움의 중요성에 대해 이야기한 적이 있었다. 갓 결혼해서 신혼을 즐기고 있는 조 대리와 현재 연애를 하고 있는 서 대리와 이야기 중 배움에 대해 이야기가 나온 것이었다.

"서 대리 요즘 연애는 잘 되가?"

"예. 요즘 변호사를 만나고 있어요. 나이는 동갑인데 이야기를 하다 보면 참 열심히 사는 여자인 것 같아요. 그런데 변호사란 직업에 가끔 주눅이 들 때가 있지만 여자 친구는 자신이 변호사라는 것과 제가 엔지니어라는 것에 별로 편견을 가지지는 않아요."

"서 대리, 변호사면 그래도 열심히 노력 많이 한 사람이다. 아마 자신의 꿈을 향해 계속 성장하려고 노력하는 여자 같다. 잘 해봐. 그런데 여자 친구한테 더 멋있게 보이고 싶지? 나도 결혼하고 세 아이를 키우면서 아이에게는 멋진 아빠, 남편이 되고 싶었어. 하지만 아이들이 커가면서 멋진 아빠를 넘어 최고의 아빠로, 아내에게는 최고의 남편으로 인정받고 싶었어. 멋진 아빠는 아이들과 잘 놀아 주는 아빠야. 하지만 최고의 아빠가 되려면 많이 공부해야 했어.

사람들이 책 읽는 습관이 중요하다고 생각하잖아. 하지만 '어떤 책을 어느 시기에 읽어주어야 하는가?'에 대해서는 공부하려 하지 않아. 난 최고의 아빠가 되기 위해 그런 것을 책에서 배우고 실천해. 왜냐하면 내가 어릴 때 난 인생의 중요한 시점에 제대로 코칭해 주는 사람이 없었거든. 그래서 내 아이들에게는 최고의 아빠이자 인생의 멘토가 되려고 제대로 배우면서 같이 성장하는 중이야.

회사에 입사하면 모든 일이 새롭게 배우고 처리해야 할 일이야. 그렇기 때문에 야근을 하고, 주말에 출근도 하며, 때로는 실수를 통해 배우는 과정을 겪는 거야. 직급이 올라가면서도 계속해서 배워야 해. 처음에는 담당자로서 실무 비율이 높지만 직급이 올라가면서는 관계를 유지하는 일과 제대로 소통하는 기술이 필요해지는 거야.

연애도 마찬가지 아닐까? 시중에 가면 연애에 관련된 책, 일에 관련된 책, 모든 분야의 책들이 즐비해. 무슨 일이든 열정을 가지고 제대로 배우며 성장한다면 이루지 못할 일은 없을 거야. 서 대리도 제대로 공부해서 멋지게 데이트해. 결혼해서 살아보니 여자랑 남자랑 많이 다르더라고. 하하하"

서점에 가보면 엄청난 책들이 많이 있다. 책마다 인생의 소중한 지혜와 경험을 담고, 연구하고 이론을 정립한 책부터, 자신의 감정과 인생을 표현한 문학작품에 이르기까지 무수히 많은 책들이 있다. 이런 책들은 항상 배움을 통해 제대로 성장해야 한다고 이야기한다. 배움이 중요한 이유는 시간을 벌기 위해서다. 똑같은 시간을 일해도 성과가 다른 원인은 '시간을 성과로 바꾸는 배움의 차이'에서 발생한다. 배움을 향한 열정적인 자세만이 진정한 성과를 낼 수 있는 기본 중의 기본인 것이다.

시간은 무엇과도 바꿀 수 없다. 어떻게 보면 월급과도 비교할 수 없는 소중한 시간을 우리는 직장에 투자하고 있다. 그래서 우리는 월급 그 이상의 것을 얻어야 한다. 자발적 도전을 통하여 제대로 배우며 성과를 내는 일에 최선을 다해야 하는 것이다. 어떻게 보면 직장은 월급을 주면서 자신이 성장할 수 있는 리스크 없는 무대를 제공한다. 이런 리스크 없는 무대에서 배우지 않는 사람은 제대로 성장할 수 없다. 인생의 황금 같은 시간을 직장에서 보내는데 배워서 성장하지 않는다면 소중한 인생에 대한 예의가 아니기 때문이다.

그러면 과연 우리는 직장에서 무엇을 배워야 할까? 그것은 바로 '성과를 중심으로 일하는 기술'을 배워야 하는 것이다. 고객이 원하고, 회사가 원하고, 상사가 원하는 제대로 된 결과물을 내기 위해 자신의 열정을 배움에 쏟아야 한다. 한마디로 성과를 내는 역량을 키워야 하는 것이다. 이런 역량을 키워서 자신의 성과를 제대로 인정받아야 하는 것이다.

성과를 중심으로 일하는 기술은 크게 4단계로 나누어진다. 1단계, 성과의 본질을 정의하라. 성과의 기준이 되는 고객과 파급효과를 예상하여 제대로 된 성과의 방향을 정해야 한다. 쉽게 말해서 자신이 일하는 회사의 CEO를 최고의 고객으로 삼아야 한다는 것이다. CEO의 입장이 되면 모든 경영의 요소를 고려하여 성과의 방향을 결정하게 된다. 이런 이유로 CEO를 고객으로 삼는다면 진정한 성과의 본질과 방향을 제대로 정의할 수 있는 것이다.

2단계, 성과를 내는 프로세스를 계획하라. 성과의 본질을 정의하여 방향을 설정했다면 제대로 된 계획으로 성과를 상상해야 한다. 성과를 상상한다는 것은 '싸우기 전에 이긴다.'는 의미다. 성과에 필요한 자원, 사람, 자본을 투입하는 구체적인 계획을 통하여 미래의 성과를 예상하는 것이다. 자원, 사람, 자본 중 가장 중요한 요소가 있다. 바로 사람이다. 성과를 내는 프로세스의 중심에 사람이 있다. 일을 하는 주체들에게 어떻게 열정을 불어넣고, 동기부여를 할 수 있는 환경을 제공해야 할지는 빼먹지 말아야 할 중요한 계획인 것이다.

3단계, 중요한 일을 먼저 실행하라. 계획한 프로세스대로 실행하면서 문제를 공유하고 해결하며 실제적인 성과를 창출하게 된다. 이 단계에서는 프로세스와 계획에 얽매인 나머지 사고가 경직되면 안 된다. 최적의 방법에 대한 의견이 제시되면 그 의견을 적극 검토하여 과감하게 계획을 수정해야 한다. 프로세스의 수행 시 기억해야 할 하나는 '중요한 일을 먼저 하라'는 것이다. 고객을 향한 성과의 목적지를 이해하여 중요한 일을 먼저 해야 하는 것이다. 중요한 일에는 고객이 원하는 가치의 80프로 이상의 성과가 포함되어 있다. 진정한 성과의 주인공이 되고 싶다면 중요한 일을 먼저 해야 한다는 것을 명심해야 한다.

4단계, 또 다른 성과를 고객에게 보여 주어라. 성과를 고객에게 제대로 보여주는 것은 일을 마무리하고 성과를 인정받는 마지막 한 수다. 그래서 자신의 성과를 제대로 포장하거나 어필하는 기술도 능력이다. 제대로 포장하지 못하면 고객의 눈길은 다른 제품을 향하게 되고, 성과도 다른 사람의 것이 되는 것이다.

성과를 냈다는 것은 한 단계 진보되었음을 뜻한다. 이런 진보를 통하여 또 다른 도전을 시도하고 또 다른 성과를 바라봐야 한다. 그래서 '성과에 미래의 또 다른 성과를 포함하라.'는 것이 마지막 신의 한 수인 것이다.

회사는 고객만족을 통해 이익을 내기 위해서는 월급의 가치를 하는 사람이 많아야 한다. 그렇기 때문에 자신의 주변에서 성과를 내는 사람은 항상 있으며, 그들이 성과를 내는 기술을 배울 수 있는 기회가 있다는 것이다. '진리가 아무리 널려 있다고 하나 자신의 경험으로 느껴보기 전까지는 아무런 의미가 없다.'는 말처럼 자신의 주변에서 성과를 내는 진리를 배워야 한다.

열심히 일해도 성과의 주인이 되지 않는다면 잠시 멈춰야 한다. 그리고 자신의 시간과 생각이 어디로 흘러가는지를 살펴야 한다. 자신의 문제에 직면하는 것만이 배움에 다가설 수 있는 유일한 방법인 것이다.

시간의 주인이 되고 성과의 주인이 되고 싶은가? 그러면 주저하지 말고 배움의 길로 들어서야 한다. 주저하기에는 흘러가는 시간이 너무 소중하기 때문이니까.

08 성과로 말하는 사람은
멋지고 아름답다

"당신은 삶을 돌아보며 '그때 그걸 했더라면…….' 이라고 말하고 싶은가?"

"아니면 '그때 그걸 하길 잘했어'라고 말하고 싶은가?"

가끔 회사에서 동료들과 회식을 하다가 자신이 생각하는 미래의 모습과 꿈이 대해 이야기를 하곤 한다. 그럴 때면 인생을 먼저 살아본 선배들은 항상 이상적인 꿈에 대한 응원과 지지보다는 그 꿈을 이루기 위한 어려운 점을 먼저 이야기한다. "장가가고 애들 낳아 봐라. 신경 쓸 게 두 배로 늘어난다. 새로운 가족이 생기면서 이런저런 신경 쓸 일은 늘어나지, 아이들과는 놀아줘야지, 생각할 시간이 없다. 그리고 어깨의 짐은 더 무거워 지는 데 꿈을 바라볼 시간이 있냐?"라고 푸념을 한다. 그러면서 가끔은 이런 이야기를 한다.

"휴~. 나도 한때 꿈이 있었어. 의욕이 넘치고 뭐든지 할 수 있다는 자신감이 있었어. 하지만 틀에 박힌 직장생활을 하고, 가정을 이루면서 가장의 무게에 눌리다 보니 지금까지 이렇게 살고 있다."

회사의 선배들은 자신의 꿈을 향해 열정적으로 도전하지 못한 것에 후회를 하고 있는 것이었다. 그러면서도 그들은 왜 꿈과 희망을 이야기하는 사람들에게 어려움을 먼저 이야기하는 것일까? 아마 선배들도 자신의 소중한 꿈을 실현하는 방법을 모르고 있기 때문이다. 그래서 그들이 '주어진 현실'에서 최선을 다 했던 경험을 들려줄 수밖에 없는 이유일 것이다.

인간 생태학을 연구하는 칼 필레머 코넬대 교수가 2004년부터 진행한 '인류 문화유산 프로젝트'에서 65세 이상, 총 1,500명 이상 노인을 대상으로 인터뷰를 했는데 삶에 대한 그들의 조언과 지혜를 수집하였다. 그들에게 던진 "당신이 삶을 되돌아 봤을 때 가장 후회되는 점은 무엇입니까?"라는 질문에 가장 많은 답변은 "너무 걱정하며 살지 말 걸 그랬다."였다. 그리고 가장 소중한 자원을 '시간'이라 대답하였다.

'우리보다 먼저 세상을 살아본 선배들은 우리에게 무엇을 이야기 해주는 것일까?'

아마 두 가지일 것이다. 하나는 '너무 많은 걱정으로 후회하는 삶을 살지 마라.'이다. 대부분의 사람들은 일어나지 않는 상황, 일어난다고 해도 우리가 어떻게 해볼 수 없는 상황을 고민한다. 이런 고민과 걱정은 우리에게 가장 소중한 '시간'이란 자원을 낭비하게 만든다. 그래서 인생의 선배들은 우리가 자신의 시간 속에 후회를 담지 말라고 한 것이다.

나머지 하나는 '목적을 가지고 집중하라.'이다. 무엇을 위해 살아야 한다는 계획과 목적이 없으면 인생의 의미는 희미해진다. 그래서 선배들은 목적 없이 보낸 시절을 후회하며 인생의 황금기를 사는 후배들에게 삶의 에너지를 집중할 목적을 찾으라고 이야기하는 것이다.

대한민국에는 천만 명의 직장인이 있다. 나도 직장인이다. 나뿐만 아니라 그들 중 어느 누구도 후회하는 삶을 원하지 않는다. 하지만 그들 중 대부분은 인생을 먼저 살아본 선배들의 전철을 밟으면서, 후회하는 삶을 살고 있다. 자신이 무엇을 하면서 살아야 한다는 계획과 목적 없이 살아가고 있는 것이다. 꿈을 이루는 방법을 모르고, 후회하지 않을 방법을 모르기 때문에 자신에게 주어진 시간 동안 열정을 다하지 못하는 것이다.

그러면 회사를 다니는 직장인은 무엇을 하고, '시간'을 어디에 쏟아야 할까? 학창 시절에 우리는 공부하는 학교에서 스스로 공부하는 태도와 습관이 얼마나 중요한지를 배웠다. 하지만 회사에 다니는 직장인들은 주도적으로 일하는 태도와 습관의 중요성을 잊은 듯하다. 새로운 일에 대한 호기심을 잃었고, 긍정적인 관점이 긍정적인 성과를 만든다는 사실을 잊었던 것이다.

이제 다시 시작해야 한다. 일에 대한 호기심으로 열정을 불어넣고, 작은 성취를 경험해야 한다. 일에서 성과를 내는 사람들을 벤치마킹하면서 주도적으로 자신의 성과를 만들어 갈 때만이 후회 없는 삶을 살 수 있다는 것을 잊지 말아야 한다.

회사에서 즐겁게 일하며 멋진 성과를 내는 사람들의 5가지 공통점이 있다.

첫째, 성과의 방향을 고객에게 맞춘다.

우리는 고객과 함께 성장할 수 있는 방향을 우선시해야 한다. 윌리엄 B 마틴(Willam B Martin)은 '고객관계란 당신의 일에 필수 불가결한 요소이지, 부수적인 요소가 아니다.'라고 이야기했다. 어떤 회사나 일에는 고객이 존재하기 마련이다. 고객이 제품, 서비스, 일에 대한 만족을 하느냐 못하느냐에 따라 성과라는 결과물을 평가받게 되는 것이다.

한번은 유럽 환경규제로 인해서 티볼리를 생산하는 시점에 자동차 에어컨 작동을 위한 새로운 에어컨가스를 주입해야 했다. 하지만 한국에서는 에어컨가스가 폭발물로 규제되어 방폭설비를 설치하여 가스안전공사의 승인을 받아야 하는 상황이었다. 가스안전공사의 직원은 철저한 원칙에 따라 검사를 했기 때문에 관련법이 저촉되는 수천 가지의 전기, 누기, 배관의 연결 등 모든 것을 완벽하게 해야 했다. 몇 번의 재검사가 이어지면서 유럽 수출 차의 양산을 앞두고 온 이목이 집중되는 피 말리는 상황이 계속되었다. 그 당시 타사도 폭발물로 분류된 에어컨 신냉매설비에 대해 골머리를 썩고 있었다. 결국 가스공사의 엄격한 검사의 첫 표적이 된 쌍용자동차가 세 번의 검사 끝에 폭발물 규제를 만족하는 설비를 완성하게 되었다. 깐깐하기 그지없는 가스공사 직원은 안전을 위해서는 넘어야 할 산이었지만 회사에서 기필코 만족시켜야 할 최대의 고객이었던 것이다.

둘째, 시간을 지배하라.

"가장 바쁜 사람이 가장 많은 시간을 갖는다. 부지런히 노력하는 사람이 결국 많은 대가를 얻는다."고 알렉산드리아 피네는 말한다. 누구에게나 시간은 똑같이 주어지지만 성과를 내는 사람들은 항상 황금보다 소중한 시간을 고객을 위한 일에 집중해서 투자한다. 그리고 그 시간을 지배하지 못하면 큰 성과를 내기 힘들다는 것을 누구보다 잘 알고 있다.

성과를 내는 사람들은 시간에 대한 철저한 원칙이 있다. 약속을 지키고, 사전에 반드시 일을 계획하고 마무리하며, 고객이 원하는 시점보다 앞서서 일을 처리한다. 흘러가면 돌아오지 않는 소중한 시간임을 누구보다 명확히 인식하기 때문에 시간을 흘려보내는 것이 아니라 성과와 자신의 성장에 철저히 투자하는 것이다. 일과 관계에서 철저하게 자신의 우선순위에 따라 시간을 투자하여 자신이 이루고자 하는 계획을 끊임없이 완수해 나가는 것이다. 성과가 시간에 비례하는 것이 아니라 시간을 지배하는 역량에 비례하는 것이기 때문이다.

셋째, 주도적으로 성과를 창출한다.

회사, 사회, 가정, 친구 사이에서 인정받는 사람은 어떤 사람일까? 바로 주도적인 사람이다. 자신의 일과 인생을 주도하는 사람이다. 주도적인 사람이 된다는 것은 일에 대한 호기심이 많고 도전 정신이 강한 사람이다. 끊임없이 밀려오는 새로운 일은 어쩌면 두려움의 대상일 될 수 있다.

하지만 성과를 내고 일을 주도적으로 즐기는 사람은 새로운 일을 만나면 일을 마친 후 자신의 성장한 모습을 상상한다. 이런 사람들은 자신의 일을 즐기는 사람이다. 자신의 일을 즐기지 않는 사람은 끊임없이 밀려드는 일을 주도적으로 처리하지 못하고 지쳐만 간다. 하지만 일을 즐기는 사람은 자신의 일하는 전략과 프로세스를 끊임없이 혁신해서 진정한 성과를 만들고, 자신의 성장과 변화를 주도적으로 이끌어 낸다.

넷째, 자신감이 있다.

나의 부모님이 나를 기르실 때 자연스럽게 자연과 사물을 통해서 스스로 배우게 해주셨다. 다치기도 많이 다쳐서 업고 동네의원으로 뛴 적이 한두 번이 아니다. 교통사고도 나면서 많은 걱정을 끼쳐드렸지만 말 주변이 없는 부모님은 무슨 일이 있을 때면 항상 나에게 "괜찮아"라는 말을 하면서 사랑스런 느낌을 전해주셨다. 이런 부모님의 신뢰가 자신감이 되었고, 일에 대한 두려움을 극복할 수 있는 '나'를 만드는데 큰 힘을 주었다.

직장에서도 일을 즐기는 사람의 경우 대부분 자신의 일과 생활에 자신감을 가진 사람들이다. 일에 대한 투철한 신념과 원칙을 통하여 완벽하게 자기 일을 처리하며, 누구보다 인정받기를 원한다. 하지만 이런 열정이 자칫 자만심으로 비쳐지지 않도록 언행을 조심할 필요가 있다.

다섯째, 즐겁게 일하는 방법을 끊임없이 배운다.

'현명한 사람은 모든 것을 자신의 내부에서 찾고, 어리석은 사람은 모든 것을 타인들 속에서 찾는다.'는 공자의 말과 같이 성과를 내고 일을 즐기는 사람은 배움을 통하여 자신의 성장을 이끌고 이런 성장을 통하여 스스로 즐기는 방법을 찾는다. 반면 타인에게서 모든 것을 바라게 되면 의존적으로 일을 하게 된다. 이렇게 의존적인 사람은 절대 일을 즐기지 못한다. 알베르트 슈바이처는 "성공이 행복의 열쇠가 아니라 바로 행복이 성공의 열쇠다. 자신의 일을 진심으로 사랑하는 사람이라면 그는 이미 성공한 사람이다."라고 말했듯이 진정으로 행복한 사람은 배움과 자신의 일을 즐기는 사람인 것이다.

우리 집은 가끔 가족회의를 하고, 밥을 먹으면서 아이들과 소소한 이야기를 나눈다. 하루는 아이들과 자신이 변하고 싶은 모습을 다짐하는 시간을 가졌다. 첫째 딸은 "나는 동생에게 짜증을 내지 않고 예쁘게 말하겠습니다."라고 이야기했고, 둘째 아들은 "나는 누나를 의심하지 않고, 누나가 싫다고 이야기하면 하지 않겠습니다."라고 다짐

했다. 하지만 이런 다짐의 효과는 오래 가지 못했다.

아이들에게 "왜 너희들이 한 다짐을 지키지 못할까?"라고 질문을 던지고 '아인슈타인이 가장 중요하다고 생각한 상상력'과 자신이 변하지 않는 이유를 말해보게 했다. 둘째 아들은 "긍정적인 상상이요."라고 말했고, 첫째 딸은 "빛나는 사람으로 변하는 모습을 상상하지 못해서요."라고 말했다.

"맞아. 너희들이 다짐을 지켰을 때 얼마나 훌륭한 사람으로 변해 있을 지를 상상할 수 있으면 꼭 이룰 수 있어. 상상하지 못하기 때문에 실천이 힘든 거야. 오늘은 자기 전에 너희들의 다짐을 지켰을 때 변한 모습을 상상해 봐. 아빠는 우리 딸과 아들이 대단한 사람이란 걸 믿어. 사랑해."

즐겁게 직장생활을 하는 사람들은 긍정적인 상상을 한다. 도전 앞에 후회를 남기는 것이 아니라 목표에 집중하여 성과의 주인공이 된 자신을 상상하고, 끊임없이 배우며 성장을 거듭한다. 또한 시간에 의미를 부여하여 진정한 행복의 주인공이 되어가는 것이다.

"당신은 일에서 행복한 상상을 하고 있는가?"

혼자 밥 먹어도
혼자 일하지 마라

01 일만 잘하는 사람들이
자주하는 착각

혹시 당신은 음악을 좋아하는가? TV를 보면 상당히 많은 음악 경연 프로그램이 있고 다양한 사람들이 참가한다. 참가자들은 경쟁이라는 무대를 통해 자신의 꿈에 도전하며 그 속에서 다양한 배움의 기회를 얻고 성장을 거듭해 가는 것이다. 하지만 실전에서 긴장과 실수를 하게 되고, 이런 모습은 관객과 코치들에게 조마조마한 마음을 들게 만든다.

직장도 어쩌면 이런 경쟁의 무대이고 꿈을 도전하기 위한 무대다. 이런 무대에서 어떤 사람은 배움의 기회를 얻고 성장하지만, 어떤 사람은 자신의 일과 관계에서 방황하고, 미숙한 모습을 보이게 된다. 이런 모습은 주위의 동료와 상사로부터 조마조마한 마음을 들게 하고 안타까움을 자아낸다.

회사는 각양각색의 경험을 가진 사람들이 모여서 조직을 이루고 일을 한다. 이렇게 다양한 경험을 가진 사람들과 일을 하다 보면 문제를 안고 있는 여러 부류의 사람들을 경험하게 된다. 말로 일하는 사람, 혼자 일하는 사람, 자기만 잘났다는 사람, 자신의 의견만 고집하는 사람, 이야기가 통하지 않는 사람 등 다양한 사람들을 만나게 되는 것이다. 이런 사람들은 대부분 자기중심적인 성향이 강하며 전체를 보지 못한다.

누구나 자기중심적인 생각을 가지고 살아간다. 하지만 회사에서 자기중심적인 사고가 강하면 전체를 보지 못하는 문제가 생긴다. 회사에서 하는 일은 자신에게 국한된 일이 아니다. 회사는 동료와 상사, 고객 등 무수히 많은 사람들과의 얽히고설킨 관계에서 서로가 영향을 주고받으면서 일을 하는 곳이다. 그래서 회사 전체를 보는 시각이 필요한 것이다. 하지만 '자신만 승리하면 된다.'는 편협한 시각은 자신의 한계를 스스로 만들어 버린다. 전체를 보지 못하고 아집에 사로잡혀 자신만의 착각에 빠지게 되는 것이다.

내가 일하는 곳은 차종 개발프로젝트를 진행하는 생산기술부문이다. 프로젝트 예산을 사용하여 제품의 생산성과 품질 확보를 위해 생산라인을 만들고 설비를 설치하는 역할을 담당한다. 한마디로 돈을 쓰는 부서다. 돈을 쓰는 부서이다 보니 예산을 통제하는 부서와 마찰을 겪을 때가 종종 있다.

"이 설비를 왜 설치해야 하느냐?", "재활용이 가능하지 않느냐?" 등 갖가지 이유를 묻고 추가 자료를 요청하고, 결재가 지연되는 경우가 상당히 많았다. 현업의 예산관련 기획부서의 통제와 부문별 결재를 마친 후에도 또 다른 통제부서의 통제를 받아야 했다. 한 마디로 현업을 원활하게 도와주는 부서는 많이 없고 시어머니들만 여럿 있는 꼴이었다.

회사의 프로세스이기 때문에 불편을 감수했지만 예산을 통제하는 부서와 담당자들의 일처리에 관련부서들의 상당한 불만이 제기되었다. 현업의 일정은 고려하지 않고 결제를 받기위해 2주에서 많게는 3주를 기다리는 경우가 다반사였다. "결재를 해야 하는 팀장과 중역이 안 계신다.", "다른 것 때문에 바빠서 처리를 못하고 있다."와 같은 말을 하면서 현업의 일정에 영향을 주는 경우도 발생했다.

또한 자신들이 왕인 것처럼 사사건건 지적을 하고, 자신이 이해가 가지 않는다는 이유로 추가 설명 서류를 요청하는 등 일에 일을 만들어서 현업을 괴롭혔다. 참다못해 현업에서 정식으로 시정을 요청했고, 그나마 업무처리 속도는 조금 빨라졌지만 시어머니 태도는 아직까지 남아있다. 나는 이런 경험을 하면서 스스로에게 의문을 제기하고 본질을 파악하려 고민했다.

'회사의 핵심부서는 어디며 지원부서는 어딜까? 부서마다 어떤 미션을 가지고 있고 어떻게 일을 처리해야 하는지를 알고 있을까?'라는 질문을 스스로에게 던졌다. 어떻게 보면 예산을 통제하는 부서는 회사의 경영에 유리하도록 예산을 관리하는 부서이지만 현업을 지원하는 부서다. 예산집행에 있어서 여러 결재 단계를 거쳐 현업에서 검토

완료된 사항에 문제를 제기하는 것은 현업의 업무흐름을 방해하는 행동으로 지원부서의 올바른 업무태도가 아니라는 결론에 다다랐다.

그러면 일을 하면서 왜 이런 문제가 발생되는 것일까? 어떻게 보면 전체를 보지 못하고 자신의 일만 잘하면 된다는 '자기중심적인 시각'과 '자신의 권한을 과용'하는 데서 발생한다. 미국의 시인이자 사상가인 랄프 왈도 에머슨(Ralph Waldo Emerson)은 "사람은 자신이 볼 준비가 된 것만 본다."라는 말을 했다. 자신이 보고 싶고, 관심을 가지는 것만 집중해서 보기 때문에 전체를 파악해서 판단하기가 힘들 수 있다는 말이다.

회사를 경영할 때는 전체적인 시각이 필요하다. 핵심적인 역량이 어디에 있는지를 제대로 파악하는 것이 경영의 기본이기 때문이다. 경영자는 핵심역량을 제대로 펼치게 하고, 자기중심적인 시각에서 발생되는 비효율적인 업무절차나 관행을 제거하는데 항상 관심을 가져야 한다. 그렇지 않으면 자기중심적인 결정들이 업무의 낭비를 초래하여, 부서 간의 신뢰를 무너뜨리기 때문이다.

한번은 회사에서 외주전환 추진에 대한 사장의 결정을 받기 전에 관련부서 회의를 진행한 적이 있었다. 외주전환을 추진하기 위해서 투자비가 과다하게 책정되었다고 판단되어 설계부서에 요청을 했다. 실무자는 정확한 데이터로 검토를 할 수 없는 상황으로 투자비를 과다하게 잡을 수밖에 없다는 것이었다. 총 투자비 100억 중 50억에 해당하는 금액이 신뢰성 없는 투자비로 예상되었지만 설계부서에서는 '현재의 상황에서 판단할 수 없다.'는 평계만 대며 세부적인 검토를 통한 가능성을 확인하지 않았다. 결국 50억이란 투자비 때문에 사장님의 1차 결재에서 '투자비 축소 후 추진할 것'이라는 가승인만 받게 되었다. 최종 승인을 위하여 설계부문과 협력업체에 강력히 추가검토를 요청하였고, 결국 50억이란 투자비는 투자하지 않아도 될 돈으로 최종보고 시에 빠지게 된 것이다.

과다하게 책정된 투자비로 인해서 미루어진 결정은 4개월이란 시간을 허비하게 만들었다. 설계를 다시 해야 하는 또 다른 문제가 발생했고, 추가비용을 지불해야 했다. 결국 자기중심적인 시각에 요지부동이던 설계부서의 말은 '신뢰'를 잃게 되었다.

회사는 일 외에도 관계라는 영역이 존재한다. 동료와의 관계, 상급자와 하급자와의 관계, 부서와 부서 간의 관계, 협력업체와의 관계와 같이 무수히 많은 관계들로 맺어져 있다. 이런 관계에서 원활하게 일을 처리하기 위해서는 자기중심적인 시각보다는 전체를 바라볼 수 있는 시각이 필요하다. 하지만 일만 잘하는 사람들은 당장 앞에 놓인 일 때문에 전체를 보지 못하고 관계의 중요성을 보지 못한다. 또한 자기중심적인 시각이 강하면 자신의 권한을 과용하게 되어 일에 일을 만드는 또 다른 문제를 야기하는 것이다. 그렇기 때문에 자기중심적인 시각에서 벗어나 전체적인 시각으로 성과의 방향을 정해야 한다. 이런 전체를 보는 시각만이 일뿐만 아니라 신뢰의 관계를 수립할 수 있는 열쇠이기 때문이다.

신뢰는 '굳게 믿고 의지함'을 뜻한다. 남의 일을 어떻게 생각하고 대하느냐에 따라 신뢰의 강도가 달라진다. 나의 일이 소중하면 남의 일도 소중하다는 생각, 자신의 기분이 중요하면 남의 기분도 중요하다는 생각에서 신뢰는 싹트게 된다.

모든 일은 신뢰를 기반으로 성장한다. 작은 일에서 신뢰를 쌓은 사람만이 큰일을 할 수 있는 기회와 연결된다. 이런 신뢰의 힘은 자기 중심적인 시각으로는 쌓이기 힘들다. '신뢰를 우선으로 서로가 성장한다.'는 마음가짐으로 일을 대하는 인식의 전환이 필요한 이유가 바로 여기에 있는 것이다.

"사람들이 리더를 기억하는 것은 그가 자신을 위해 일하기 때문이 아니라 타인을 위해 일하기 때문이다."라고 제임스 쿠제스는 말한다. 신뢰를 받지 못한 사람은 리더가 되지 못한다. 타인을 위해 자신의 시간과 마음을 헌신할 때만이 신뢰는 생겨나게 된다. 고객과의 관계, 동료와의 관계, 상사와의 관계, 심지어 자신과의 관계에서 신뢰를 얻은 사람만이 전체적인 시각으로 진정한 리더의 길을 걷게 되는 것이다.

회사에는 일과 고객이 있다. 고객이 원하는 니즈와 상황을 파악하여 만족을 주고 신뢰를 쌓을 때만이 제대로 된 성과를 인정받는다. 고객의 만족을 통한 신뢰는 더 나아가 충성 고객과 충성 동료가 생기는 것이다. 이렇게 생겨난 신뢰의 관계만이 서로가 성장할 수 있는 최고의 기회를 제공하게 된다.

　우리가 사람 사이의 신뢰에 집중해야 할 이유가 여기에 있다. 일이 우선이 아닌 사람 사이의 신뢰에 집중하면 일은 더 큰 성과로 보답한다. 신뢰를 중시하는 인식의 전환이 회사에서 일에서 뿐만 아니라 관계에서도 승리하는 사람을 만드는 비결인 것이다.

　"당신은 일만 잘하는 사람으로 남고 싶은가? 아니면 신뢰를 통해 관계에서도 승리하는 진정한 리더가 되고 싶은가?"

　이제는 전체를 바라보는 시각과 신뢰 관계를 통해서 '일만 잘하는 사람'이 아닌 '일도 잘하는 사람'이 되어야 하지 않을까?

02 즐겁게 일하는 사람은
혼자 성장하지 않는다

회사는 직원을 채용할 때 그 사람의 강점을 보고 채용한다. 채용한 사람의 강점을 통해서 성과를 내고, 팀에 활력을 불어넣는 데 목적이 있다. 채용기준 중에는 여러 가지 조건이 있지만 긍정적인 사람, 적극적인 사람, 잘 웃는 사람, 자아 존중감을 가진 사람, 자율적인 성과 창출 능력이 있는 사람, 협업능력이 있는 사람, 도전적인 사람을 대부분의 회사는 바란다. 긍정적인 자아 존중감을 통하여 자신의 업무에 의미를 찾아내고, 끊임없이 도전하는 자율적인 인재를 원하는 것이다.

미국의 보험회사인 메트라이프는 1990년대 후반 영업사원의 이직률이 급속히 증가하였다. 입사를 해서 4년을 버티는 직원이 40퍼센트에 불과했다. 이 문제를 개선하기 위해 직원 및 퇴직자들을 대상으로 조사한 결과 '위기와 고난을 해석하는 방식'이 다름을 알아내고 채용시스템에 반영하기 시작했다. 상황을 긍정적으로 해석하는 직원이 부정적으로 해석하는 직원보다 약 37프로 실적이 좋으며 이직률도 낮다는 사실을 발견하였다. 이후 시험성적이 좋아도 해석방식이 부정적인 지원자는 탈락시킴으로써 영업사원의 이직률이 감소하고 시장점유율을 증가시키는 성과를 거둔 것이다.

미국의 웃음 연구가인 캐서린 팬워크는 '직장에서의 웃음은 직원들의 무기력증을 예방하고 창의력과 자신감을 증진시키며, 원활한 커뮤니케이션으로 좋은 인간관계를 이뤄 생산성을 높여준다.'는 연구결과를 발표했다. 웃음이 갖는 긍정에너지가 모든 면에서 긍정적인 효과를 불러오며 결국은 회사의 이익으로 돌아온다는 것을 증명한 것이다.

긍정적인 태도는 모든 것을 새로운 시각으로 바라보게 한다. 새로운 일이 닥치거나 위기를 만났을 때 자신이 상황을 긍정적으로 해석함으로써 위기를 기회로 바꾸는 힘의 원천이 된다. 어떻게 보면 현재의 상황을 긍정적으로 바라보는 시각이 미래의 희망을 만들고, 새로운 도전을 통하여 창조적인 결과물을 만들어내는 것이다.

앤서니 라빈스 또한 긍정적인 시각을 중시했다. 그는 '리더에게 필요한 3가지 기초능력'을 이야기한다. 첫째는 현재의 상태를 가감 없이 보는 능력이며, 둘째는 현재의 상태를 좋게 보는 능력이다. 마지막은 좋은 관점으로 본 것처럼 현재의 상태를 개선하는 능력이다. 현재의 상태를 객관적으로 관찰하고 긍정적인 시각으로 현재의 상태를 개선할 방향을 찾아서 미래를 바꾸어가는 능력이 리더에게 더없이 중요함을 다시 한 번 일깨워 준다.

'그런데 회사는 왜 긍정적이고 적극적인 사람을 원하는 것일까?' 긍정적인 사람은 미래를 밝게 볼 수 있는 능력이 있고, 관계와 일을 좋게 이끌어갈 수 있는 능력을 가지고 있다고 믿기 때문이다. 긍정적인 사람의 긍정적인 영향력은 주위 사람들에게 즐거운 분위기를 조성한다. 이런 즐거운 분위기는 스스로 몰입할 수 있는 환경을 만들어 업무효율을 향상시키고, 회사에도 긍정적인 영향을 끼친다. 한마디로 말하면 서로가 같이 성장할 수 있고 서로의 장점을 폭발시킬 수 있는 에너지가 긍정적인 관점에 있다는 것이다.

결국 회사는 긍정적인 시각으로 일 잘하고 성과를 내는 인재를 원한다. 하지만 혼자서 일하는 인재를 원하지 않는다. 자신의 경험과 깨달음을 나누어 서로 협력하여 성장할 수 있는 인재를 원한다. 그 이유는 '서로가 시너지를 냄으로써 위기의 상황도 슬기롭게 극복할 수 있는 조직과 프로세스를 갖추는 것'을 회사가 원하기 때문이다.

한번은 회사에서 구글에 다니는 팀장의 강의를 들은 적이 있다. 강의내용 중에 이런 이야기를 들었다.

"제가 어느 여자고등학교에 강의를 간 적이 있었습니다. 여고생들에게 '수학으로 자신의 꿈을 표현해 보세요.'라고 요청하니까 자신의 꿈을 이렇게 표현한 학생이 있었습니다."

$'a^2 + b^2 = a^2 + b^2, (a+b)^2 = a^2 + b^2 + 2ab'$

"혹시 무슨 의미인지 알 것 같은가요? 'a = 나', 'b = 너'를 말합니다. 둘이 만나서 각자의 역할만 한다면 시너지를 내지 못합니다. 하지만 서로가 힘을 합쳐서 일을 하면 새로운 시너지 '2ab'를 만들어 낸다는 의미를 담고 있습니다. 이 학생의 꿈꾸는 삶의 목표에는 협력을 통한 시너지가 자리 잡은 것입니다."

존 맥스웰의 『리더십 불변의 법칙』을 보면 '곱셈의 법칙'이 나온다. 곱셈 법칙의 핵심은 '크게 성장하기 위해서는 리더를 이끌어라'고 이야기한다. 리더가 구성원을 이끌 때 구성원들 간의 강점과 약점을 보완하는 '덧셈의 법칙'이 작용한다. 그런데 만약 리더가 리더를 이끈다면 어떤 일이 발생할까? 다른 리더의 강점을 키워주고, 시너지를 발휘할 수 있도록 도움으로써 직접 접촉하지 않은 사람들에게도 영향력을 발휘할 수 있게 된다. 이것이 바로 리더가 리더를 이끌어서 영향력을 미치는 '곱셈의 법칙'이 가지는 핵심인 것이다.

회사에서도 곱셈의 법칙을 실현하는 사람들이 있다. 바로 자신의 일을 즐기는 사람들이다. 그들은 자신의 상황을 즐길 수 있는 긍정적인 시각으로 성과를 내며 끊임없이 성장한다. 하지만 자신의 일만 해서는 곱셈의 법칙은 발휘되지 못한다. 회사와 동료, 고객과 사회 등 모두가 성장하기 위해서는 더 큰 목표와 모두의 기회를 창조하는 힘이 필요한 것이다.

이런 목표와 기회는 긍정적인 시각으로 자신의 일을 즐기는 사람들에게서 나온다. 그들은 긍정적인 시각으로 서로의 강점을 지지하고, 약점을 보완하며 함께 성장해 간다. 서로가 성장하는 과정에서 '진정한 목표'가 생겨나고 기회의 문을 열어 밝은 미래를 창조해 나간다. 그래서 일을 즐기는 사람은 혼자 성장하지 않는 것이다.

'기쁨을 나누면 배가 되고 슬픔을 나누면 반이 된다.'는 말은 '강점을 나누면 배가 되고 약점을 나누면 반이 된다.'로 바꾸어 해석할 수 있다. 둘이 만나서 서로의 약점을 보완하고 서로의 강점을 증대시켜 줌으로써 새로운 시너지를 만들게 된다. 시너지를 통하여 서로가 성장하는 최고의 관계를 만들게 되는 것이다.

네팔의 눈 덮인 산을 등산하는 사람이 있었다. 아무리 걸어도 불빛은 보이지 않는 길을 갈 때 멀리서 여행자 한 사람이 다가왔고, 둘은 자연스럽게 동행하게 되었다. 동행이 생겨 든든했지만 생존의 문턱에서 에너지를 아끼려고 묵묵히 걸어가는데, 눈길에 웬 노인이 쓰러져 있었다. '이대로 두면 얼어 죽을 게 분명해'라는 생각에 "이 사람을 데리고 갑시다. 조금만 도와줘요."라고 동행을 재촉했다. 하지만 그 친구는 "이런 악천후에 내 몸 추스르기도 어려운 판에 누굴 데리고 간단 말이야."하고 화를 내며 가버렸다.

하는 수 없이 노인을 업고 길을 재촉했다. 얼마가 지나자 몸은 땀범벅이 되었고, 더운 기운에 노인은 차츰 의식을 회복했다. 두 사람은 체온 난로로 서로를 덥혀가며 춥지 않게 길을 갈 수 있었다. 얼마

쯤 가자, 멀리 마을이 보였고 안도의 탄성이 터져 나왔다. "으아, 살았다. 다 왔습니다. 할아버지!" 그런데 도착한 마을 입구에 사람들이 모여 웅성거리고 있었다. '무슨 일일까?'라는 호기심에 인파를 헤치고 들여다보니 자기 혼자 살겠다고 앞서가던 그의 동행자의 시신이 눈 위에 있었던 것이다.

혼자 밥 먹어도
혼자 일하지 마라

03 혼자 일하고
혼자 상처받지 마라

    회사에서 일을 하거나 사업을 하는 사람 모두 혼자서 외롭게 일을 한 경험이 있다. 나 또한 혼자서 일을 하면서 막힌 부분이 많아 스스로 몇 시간을 고민했고, 넘쳐나는 일로 텅 빈 사무실을 혼자 지키고 있을 때가 있었다. 이럴 때면 가끔씩 '왜 나만 이렇게 일해야 하지?'라는 생각과 불만에 쌓인 적도 있었다. 이런 생각은 누군가가 같이 일을 하고, 의견을 나누며, 공감해 주는 사람이 없어서 생겨나는 것이다.

    일에 대한 경험과 전체를 보는 경험이 부족해서 일처리를 완벽하게 하지 못한 사원이나 대리 때는 더 많은 고독을 겪게 된다. 경험이 부족하여 새로운 문제에 대한 두려움과 풀리지 않는 문제가 스트레스로 작용하고 철저하게 고독과 싸우는 과정을 겪는 것이다. 하지만 어떤 고참들은 경험을 통하여 자신만의 학습시스템과 프로세스를 가지고 있고, 일에 대한 사이클을 이해하기 때문에 일에 대한 두려움을 거뜬히 극복한다. 그렇기 때문에 경험이 부족하거나, 배움이 부족한 사람은 고참들의 어깨에 기대어 두려움을 나누는 법을 배워야 하는 것이다.

2005년 렉스턴과 액티언을 생산하는 공장을 새롭게 지을 때였다. 쌍용자동차의 체어맨 공장을 지을 때는 일본사람의 컨설팅을 받았었다. 하지만 2005년도에 기존 공장을 허물고 새로 지을 때는 오로지 쌍용자동차에서 모든 계획을 세우고 세부설계를 해야 했다. 처음부터 끝까지 공장의 모든 것을 생산기술의 머리로 만들어야 했던 것이다. 그 당시 나는 사원이었지만 신공장을 짓는데 많은 부분을 담당해야 했다.

자동차 생산공장에 대해 간단히 이야기하면 자동차는 컨베이어로 운반되어 6.5미터 피치의 단위공정으로 이루어져 있다. 라인마다 약간의 차이는 있지만 이런 공정이 100개 정도가 모여서 하나의 자동차 조립공장이 만들어진다. 100개 이상의 단위공정에는 차량조립에 필요한 설비와 작업에 필요한 기본환경이 갖추어져 있다. 공정마다 분업화된 작업이 이루어져서 한 시간에 적게는 16대에서 많게는 60대 이상을 생산하게 되는 것이다.

자동차의 생산공장 중 사람이 가장 많이 필요한 곳이 조립공장이다. 조립공장을 지을 때 건설과 장비에 관한 문제뿐만 아니라 작업환경과 관련된 다양한 문제들이 발생했다. 이런 문제의 해결 또한 신공장 건설을 담당한 8명의 과원들이 감당해야 했다. 시골에서 태어나 농사일로 단련된 나는 웬만해서 내가 할 수 있다고 생각하는 모든 일을 스스로 처리했기 때문에 회사에서도 당연히 내게 주어진 일 이외에 많은 일을 처리해야 하는 줄 알았다. 하지만 일을 해도 해도 끝없이 쏟아지는 문제들과 생산라인을 돌리기 위한 설비 시운전, 작업자 교육, 보완공사와 같은 정말 많은 일들에 파묻혔다. 힘든 마음을 동료들과 술로 달래면서 매일 자신과의 싸움을 이어갔다. 일도 벅찬데 근무연수가 안 되다 보니 각종 자료의 수합에서 고참들의 잔심부름까지 해야 하는 엎친 데 덮친 상황은 계속되었다.

365일 중 358일을 출근할 정도로 강행군이었다. 그런 나의 생활을 증명하듯 사원들 중에는 연봉을 제일 많이 받았지만 지금 생각해도 그 때의 일이 징글징글하게 느껴진다. 그 당시는 혼자 많은 것을 결정하고 처리해야 된다는 생각 때문에 스트레스를 받아 몸무게도 줄고, 머리도 많이 빠졌었다. 모두가 바쁜 상황이지만 손을 내밀어주지 않는 선배들에게 서운한 감정이 드는 것은 어쩔 수가 없었다. 하지만 시간이 지난 후에 담당 과장과 술을 먹다가 우연히 이런 이야기를 들었다.

"그때는 네가 일을 많이 해야 할 시기였다. 목에 차도록 일을 하고 그 일을 처리하는 방법을 배우는 과정을 경험한 거야. 일을 하면서 그런 과정을 겪지 않은 사람은 나중에 제대로 성장하지 못해. 그때는 다 힘든 시기였어. 그래도 잘 이겨내 줘서 고맙다."

나의 세 번째 사수였던 담당 과장의 말 속에는 자신의 경험을 토대로 후배를 키우는 철학이 담겨 있었다. '스스로 결정하고, 판단해서 일을 처리하는 자율성을 존중하며 실패를 통해서 배울 수 있는 기회를 준다.'는 세 번째 사수의 신념을 뒤늦게 깨닫게 된 것이었다. 혼자 일을 헤쳐 나간다는 외로움과 서러움에 상처를 많이 받기도 했다. 하지만 그 상처는 어느새 아물었고, 담당 과장이 후배를 키우는 방법을 이해할 만큼 나 또한 혼자만의 고독을 이겨내고 성장해 있었던 것이었다.

부모들은 아이들을 키우면서 세상에 대한 두려움과 걱정으로 아이들에게 많은 것을 강요한다. 하지만 아이들은 6세가 지나면 자신의 행동의 옳고 그름을 판단하고 사회성이 길러지며, 독립심이 더욱더 강해진다. 세상의 새로운 경험에 대한 호기심으로 끊임없이 배우며 실패의 과정 속에서 혼자 일어서기를 시도하는 것이다.

부모들 사이에 자기주도 학습이 중요하다는 것은 누구나 안다. 하지만 지나친 걱정과 남의 시선을 의식하기 때문에 자기주도 학습을 위한 환경을 제대로 만들어주지 못한다. 내가 생각하는 자기주도 학습은 '아이들 스스로 생각하고 결정'하는 것이다. 이런 이유로 물건을 고르는 일에서부터 자신의 습관을 개선하고 실천하는 일까지 스스로 결정하게 한다.

인생을 살아가는데 스스로 결정하는 힘은 무엇보다 중요하다. 나 또한 시골이라는 대자연 속에서 마음껏 뛰어놀며 자랐다. 어쩌면 부모님의 사랑 속에서 방목되어 자연스럽게 자신의 일상을 결정하고 인생을 스스로 결정하는 법을 배웠던 것이다.

내가 회사에서 겪은 환경도 일이라는 환경 속에 덩그러니 던져져 방목된 것이었다. 하지만 방목 속에서 '결정의 기회'를 만들어준 세 번째 사수의 남모를 배려가 숨어있었다. 이런 배려는 새로운 일에 대한 두려움을 스스로 극복하며 성장하는 나를 만들었다. 고독이란 환경 속에서 결정의 힘을 가지게 한 것이었다. 내가 주말에 출근하면 가끔씩 나와서 얼굴을 비춰주고, 해장국을 사주던 세 번째 사수가 생각난다. 뒤늦게 깨달은 것이지만 사수의 그런 모습이 후배에게 '같이'의 의미를 전달하는 '지켜봐주는 배려'였고, 항상 그런 사수의 마음에 감사한다.

〈치콩〉이라는 TV프로그램에서 예능의 블루칩으로 꼽히는 나영석 PD와의 대화다.

"새로운 도전을 위한 두려움을 이기는 용기와 추진력, 설득의 특별한 비결이 있으신가요?"라고 묻자 나영석 PD가 이렇게 대답했다.

"아! 그거 못 이깁니다. (중략) 다만 제가 생각하기에 저는 그 '두려움을 이긴다기보다 그걸 그냥 나누는 것'이 방법이라고 생각해요. 저랑 같이 일하는 후배들이 있고 같이 일하는 작가들이 있고 선배가 있습니다. 그러면 그냥 이야기하면서 나누는 거예요. '나 이번에 망하면 네가 책임져 줘.' '나 이번에 잘 안되면 형이 뒤 좀 봐줘.' 그렇게 그냥 얘기하는 거죠. 그러면은 어쨌든 간에 '그래그래, 우리 다 같이 책임지자.' '야, 안되면 너 잘리면 나도 그만둘 게.' 이런 말 한마디가 별거 아니라도 힘이 되거든요. 혼자서 뭐하려고 하지 마세요. 이 세상 혼자서 할 수 있는 거 아무것도 없습니다. 옆에 누군가가 분명히 있어야 되고, 그 사람들이 힘이 되는 거지, 나 혼자서 헤쳐 나갈 수 있는 건 참 쉽지 않은 일인 거죠."

나영석 PD의 말처럼 새로운 일에서 두려움을 이겨내는 것은 누구에게나 쉽지 않은 일이다. 하지만 두려움 속에는 기회가 숨어있다. 다양한 해결방법을 모색하고 해결하며 서로가 함께 성장할 수 있는 기회인 것이다. 이런 기회를 적극적으로 활용한다면 자신의 역량을 키울 뿐 아니라 동료와 협업할 수 있는 방법까지 배울 수 있는 것이다.

회사도 또한 혼자서 모든 것을 감당하기를 원하지 않는다. 동료와 협업을 통해 보다 신속하고, 질 높은 결과물을 원한다. 혼자만 성과를 내는 전문가가 아닌 모두의 성장을 이끄는 리더를 원하는 것이다. 그 이유는 성과를 내고 더 큰 기회의 문을 여는 열쇠가 협업에 있다는 사실을 회사는 알고 있기 때문이다.

직급이 올라갈수록 소통이 중요한 이유도 여기에 있다. 사원 대리 시절에는 실무능력이 중요하지만 과장 이상에서는 관계를 풀어나가는 능력과 협업이 중요한 것이다. 관계개선과 협업을 통해 일을 원활히 처리함으로써 신뢰는 더욱더 두터워진다. 이런 신뢰는 서로가 성장해 가는 기반으로 더 큰일을 위한 '미래의 힘'으로 자리 잡게 되는 것이다.

한번은 첫째 딸과 둘째 아들이 너무 싸워서 불러놓고 나무젓가락을 가지고 오라고 했다. 우선 나무젓가락 하나를 주면서 "부러뜨려 봐."라고 말했다. 둘 다 쉽게 부러지니까 재미있고 좋아했다. 그 다음에 두 개의 젓가락을 줘서 부러뜨려 보라고 했다. 그랬더니 둘 다 '끙 끙'대면서 부러뜨리는 것이었다. 마지막으로 네 개의 젓가락을 줬을 때는 둘 다 부러뜨리지 못해 끙끙대는 것이었다. 그리고 물었다. "아 빠가 너희들에게 젓가락을 왜 줬을 것 같니?" 그러자 아들이 "우리 가 싸워서요."라고 대답하자 딸아이는 "뭉쳐야 해요."라고 대답했다. "그래 맞아. 너희들은 가족이고 누구보다 서로를 위해 주고 존중해 줘야 하는 사람이야. 서로가 서로를 칭찬하고, 어려울 때 도와주며, 모르는 것이 있으면 서로 머리를 맞대고 배워간다면 너희 둘과 우리 가족은 어떤 비바람에도 쓰러지지 않을 거야. 하지만 서로 싸우고 미 워하고 헐뜯으면 어떻게 되겠니? 그것은 너희들이 선택하는 거야. 뭉쳐서 큰 힘을 발휘할지, 아니면 자신이 발휘할 수 있는 빛을 제대 로 발휘하지 못하던지……."

독립기념관에 가면 '뭉치면 살고 흩어지면 죽는다.'라는 문구가 새 겨져 있다. 나라의 숱한 어려움 속에서 우리민족의 지금을 있게 만든 원동력이 바로 '뭉치는 힘'에서 비롯되었다. 회사에서는 뭉치면 기회 가 생기고 흩어지면 살아남아도 결국 외로워진다. 그만큼 회사에서 협업이 중요한 것이다.

회사에서는 각자의 역할과 책임으로 나누어져 있기 때문에 혼자 서 일을 처리해야 하는 시간이 많다. 하지만 그 일에서 자신만 상처 받으면 안 된다. 설령 상처를 받는다 하더라도 그것을 이겨내면 자신의 소중한 자산이 되지만 감당할 수 없는 상처로 자신을 괴롭혀서는 안 된다. 감당하지 못할 상황을 혼자 감당하는 것은 참으로 어리석은 행동이다. 자신의 동료, 상사와 같이 나누어 짊어질 때 더 먼 길을 갈 수 있는 진리를 외면해선 안 되기 때문이다.

우리는 회사라는 그늘에서 공동의 목표를 위해서 각자의 역할을 충실히 수행하고 있다. 그 역할들은 저마다의 톱니바퀴로 더 큰 톱니바퀴를 돌리도록 연결되어 있다. 이런 관계에서 잘 돌아가지 않는 부분이 있으면 기름을 쳐주고, 힘을 북돋워줘야 한다. 혼자가 아닌 '같이'의 '가치'를 통해서 더 큰 성장으로 나아갈 수 있음을 느낄 때만이 서로가 행복해질 수 있다는 것을 잊지 말아야 할 것이다.

04 운을 버는 사람은
혼자 일하지 않는다

대한민국의 대표 개그맨 하면 누가 떠오르는가? 아마 강호동, 유재석이 떠오를 것이다. 김효석 작가의 『FOLLOW』를 보면 강호동이 2010년 연예대상을 수상한 소감이 나온다.

"대한민국 최고의 스타들이 여기 계신데 오늘 부족한 제가 가장 마지막에 상을 받는 거 보니까, 이 순간만큼은 호동이가 스타킹이 된 것 같습니다. 부족한 저에게 과분한, 그리고 넘치는 사랑을 주시는 것 같아서, 하루하루 강심장이 되어가는 것 같습니다.

이 상은 시청자 여러분께서 주시는 상입니다. SBS예능을 사랑해 주시는 시청자 여러분께 감사의 말씀드립니다. 호동이는 제가 볼 때 운이 좋은 사람 같습니다. 왜냐하면 대한민국 최고의 연출진과 일하기 때문이죠. (중략)

사랑합니다. 존경합니다. 이보다 더 좀 멋진 말이 있으면 그 말씀을 드리고 싶은데 기억이 안 납니다. 지금 울고 계신 저희 아버님, 어머님, 장인어른, 장모님, 사랑하고 존경하고, 고맙습니다.

얼마 전에 이경규 선배님이 대상을 수상하셨는데, 그때 이경규 선배님께서 그런 말씀을 하셨습니다. "눈 내린 길을 한 걸음 한 걸음 내딛으면서, 후배들에게 길잡이가 되고 싶다." 호동이는 시계를 보지 않았습니다. 이경규 선배님을 보았습니다. 얼마나 빨리 가느냐보다, 어느 방향으로 가느냐가 중요한 걸 알았습니다. 이경규 선배님께 이 영광을 돌리겠습니다.

호동이 역시 소리에 놀라지 않는 사자처럼 그물에 걸리지 않는 바람과 같이 무쇠의 뿔처럼 따라가겠습니다. 그리고 제가 방송을 하면서 많은 칭찬을 받았는데 들었던 칭찬 중에 가장 큰 찬사가 뭔지 아십니까? '유재석의 라이벌'이라는 소리입니다. 혼자 가면 빨리 가지만, 함께 가면 멀리 갑니다. 재석아 함께 가자."

강호동의 소감을 처음 봤을 때는 많은 감동이 없었다. 하지만 자세히 살펴보니 정말 엄청난 겸손과 배려가 들어 있었다. 자신을 낮추는 겸손을 통하여 시청자, 부모님과 가족, 제작진, 후배, 선배, 자신의 라이벌까지 포용하는 배려가 담겨있었다. 높은 자리에서 혼자만 잘 난 것이 아니라 자신의 자리를 응원해 주고 지지해준 많은 사람들에게 그는 진심으로 고마워했고, 서로가 같이 성장하는 멋진 동행을 하고 있었던 것이었다.

또한 강호동이란 사람의 마음을 엿볼 수 있는 또 다른 이야기가 있다. 한번은 촬영을 마치고 게스트를 배웅하는 그의 모습을 본 후배가 "형님! 차는 벌써 저기까지 갔는데 왜 계속 손을 흔들고, 고개를 숙여서 아직까지 인사를 하세요?"라고 물었다. 그러자 그는 "저 멀리 차를 타고 가다가 뒤를 볼 수 있잖아."라고 대답했다. 이 이야기를 듣고 정말 몸무게보다 큰 사람이며, 최고의 자리에 오른 사람들은 그만한 이유가 있는 것을 깨달았다. 그는 운이라고 표현하지만 지금의 강호동을 만든 것은 바로 '사람을 대하는 진심을 담은 마음과 태도'에서 비롯된 것이었다.

'2009년 5월 쌍용자동차 법정관리 신청과 77일간의 옥쇄파업, 2,646명의 정리해고' 정말 청천벽력 같은 사태였다. 내 인생의 첫 직장에서 잊지 못할 최악의 경험이었다. 연이은 신차가 고객의 호응을 얻지 못함으로써 회사의 자금사정이 안 좋아지고, 시장에서 퇴출될 위기에 처하게 되었다. 그 결과 77일간 회사를 운영하지 못하는 파업사태가 벌어졌고, 대량해고라는 초유의 사태로 치닫게 된 것이었다.

회사와 노동자 모두 생존을 담보로 한 사투를 하였고, 모두가 피해자가 되었다. 누구의 잘못을 가리기 전에 모두가 피해자였던 것이다. 회사의 경영을 담당한 외국자본과, 신차개발을 담당한 경영진, 회사의 담당자들 모두 책임의 경중은 있을지라도 한 배에 있었고 힘든 시간을 겪었다. 그리고 뼈아픈 상처의 기록만 남았다.

이 사태를 겪으며 나는 이런 의문이 들었다. '왜 이런 사태가 일어나게 된 것이고 다시 일어나지 않기 위해 무엇을 해야 한단 말인가?

뼈아픈 상처를 회복하고 다시 반복되는 실패의 사슬을 끊기 위해 무엇을 해야 할까?' 그래서 내린 결론이 승승(win-win)의 사고방식이었다.

승승의 사고방식은 인간관계와 사회적인 관계에서 가장 올바른 사고방식이다. 나도 승리하고 상대방도 승리하는 가장 이상적인 관계의 모델인 것이다. 회사에서는 직원과 직원, 회사와 직원, 회사와 대주주, 회사와 고객이라는 다양한 관계가 존재한다. 이런 관계에서 승승의 사고방식을 통하여 강력한 신뢰의 고리를 만드는 것은 무엇보다 중요하다.

내부고객인 직원과, 외부고객 모두를 위한 승승의 사고방식이 회사 전반에 퍼져 신뢰를 형성하고 문화로 정착되어야 한다. 이런 문화 속에서 경영에 관한 모든 의사결정이 승승의 사고방식으로 이루어져야 한다. 또한 지속적인 모니터링과 개선에 힘써야 한다. 만약 이렇게만 된다면 2009년의 악몽을 다시 겪지 않을 것이라는 결론에 다다른 것이었다.

이런 생각의 변화는 회사생활에도 많은 영향을 미쳤다. 아침배식을 해주시는 분들에게 더욱더 고마움을 담아 인사를 했고, 출입구를 지켜주는 경비하시는 분들에게도 "안녕하세요, 수고하세요."를 더 큰 소리로 외쳤다. 사무실과 화장실을 청소해주시는 분께도 아침마다 감사의 인사를 드린다. 화장실 세면대 앞 거울에 '컵을 사용하고, 물을 아껴서 써요. 우리 아이들의 미래를 위해'라는 문구를 누가 이야기하지 않아도 붙이고 있는 나를 발견했다.

일에서는 힘든 일을 같이 나누며 '어떻게 하면 더 효율적으로 일할까?'를 고민했고, 깨달은 것들을 나누기 시작했다. 프로젝트를 진행하면서도 우리 부서나 타 부서 후배들에게 어떻게 하면 하나라도 더 가르쳐 줄까를 고민하게 되었고 격려와 칭찬도 하게 되었다. 회사에 찾아오는 협력업체분들을 만날 때면 내가 회사라는 생각에 차 대접을 하고, 정중히 엘리베이터 앞까지 배웅을 하는 것도 잊지 않는다. 뿐만 아니라 내 일의 영역에 국한되지 않고 회사가 나아가야 할 방향에 대해 고민하고, 새로운 문화를 위해서 다양한 제안도 하게 되었다. 나의 머리와 힘이 필요한 팀이나 사람에게는 기꺼이 시간을 내서 도움을 주고 서로가 성장하기 위해 많은 의견들을 교환하며 생활하는 나를 발견하게 되었다.

어느덧 뼈아픈 경험이 나에게는 승승의 사고방식으로 변해 있었다. 모두가 행복하고, 모두가 성장하기를 바라는 마음으로 일을 하게 된 것이다. 이런 승승의 사고방식은 자신의 시각을 넓히는 효과도 탁월하다. 자신의 일뿐만 아니라 타 부서의 보고서 하나를 보고, 책을 볼 때도 모든 것을 연관 지어 최상의 방법을 찾는 습관이 자연스럽게 생긴 것도 이런 승승의 사고방식 때문이다.

직장에서는 일과 관계의 터널이 있다. 일의 터널을 지나 관계의 터널을 어떻게 구축하느냐에 따라 회사에서의 승패가 결정되는 것이다. 일과 관계라는 터널에서 혼자만의 외로운 몸부림은 승자의 미소로부터 외면 받지만 승승의 사고방식으로 맺어진 관계는 진정한 운을 끌어당긴다.

꿈은 혼자 이루지 못한다. 그 꿈을 지지하는 사람들과 함께 만들어가는 것이다. 서로가 서로의 꿈을 지지하는 '진심을 담은 태도와 마음'이 있을 때 승승의 관계는 만들어진다. 주위를 둘러보라. 자신의 주변에 승승의 관계를 맺고 있는 사람들이 많은가? 그렇다면 아마 당신은 운이 있는 사람일 것이다.

05 팀워크를 통해
얻게 되는 것들

나는 어렸을 때 인기스타였다. 동네 어른들에게 "안녕하세요?"라고 인사를 잘해서 엄청 귀여움을 많이 받았다고 부모님은 이야기하셨다. 이런 천성 때문인지 회사에 입사해서 지금까지 사람들을 만나면 먼저 인사를 한다. 팀에서도 마찬가지다. 아침에 출근을 하면서 "안녕하세요?"라고 인사를 한다. 그리고 요즘은 특히 팀장에게 "팀장님! 안녕하세요?"라고 의식적으로 자주 인사를 한다.

팀장은 SKY대를 나왔다. 자신의 업무에 대한 자신감이 대단하고, 일처리를 정말 깔끔하게 한다. 하지만 팀장의 표정은 항상 어둡다.

"팀장님! 웃으면서 다니세요. 팀장님이 찡그리고 다니시면 팀 분위기가 어떻게 되겠어요?"

"팀장님! 천천히 좀 하세요. 팀장님이 뛰어다니면 팀원들은 허덕이면서 일한다니까요."

"팀장님은 저희 팀의 얼굴이에요. 좀 웃으세요. 성공해서 웃는 게 아니라, 웃는 사람이 성공할 확률이 높대요"

부서의 특성상 정말 다양하고 많은 일들이 끊이지 않는 것을 알기 때문에 팀장의 심정을 충분히 이해한다. 하지만 내가 팀장에게 이렇게 자주 끊임없이 이야기를 하는 것은 팀워크 때문이다. 리더의 표정 하나, 행동 하나하나가 그 팀의 사기와 팀워크에 얼마나 큰 영향을 미치는지를 알기 때문이다.

팀워크란 '팀 구성원의 정신적 유대감의 정도를 나타내는 것으로 팀의 최종 목표를 향해서 사심을 버리고 봉사한다는 마음이 이룬 조화'를 뜻한다. 이러한 팀워크는 팀에서의 역할과 책임을 어떻게 수행하고 조화를 이루냐에 따라 결정되는 것이다.

팀장은 팀장으로서, 신입사원은 신입사원으로서 책임과 역할이 있다. 일의 성과를 내기 위한 책임이 있지만, 팀원으로서의 맡은 역할이 있는 것이다. 팀장은 리더로서 팀원과 함께 비전을 세우고, 그 비전과 목표를 공유함으로써 팀원이 제대로 일을 할 수 있는 여건을 조성해야 한다. 또한 신입사원은 팀의 일을 열정적으로 배우면서 상하와 소통하며, 팀의 분위기를 이끄는 역할도 담당해야한다. 이런 책임과 역할이 적절하게 조화되면서 팀의 분위기가 되고, 진정한 팀워크가 생겨나는 것이다.

그러면 팀워크가 필요한 이유는 무엇일까? 그것은 바로 '시너지'일 것이다. 다양한 가치관과 장단점을 가진 사람들이 팀이 되어 하나의 목적지를 향해 걸어간다. 이런 여정 속에서 생겨나는 팀워크는 서로를 끌어주고, 지지하며 때로는 눈물을 닦아줌으로써 '여정 속의 행복'을 만들어가는 힘이 되는 것이다.

변화에 대응하기 위해 다양한 능력을 적재적소에 배치하는 전략도 필요하다. '사람들의 다양한 능력을 활용하여 어떻게 더 큰 시너지를 낼까? 변화하는 환경에 어떻게 민첩하고 현명하게 대처할까?'를 끊임없이 묻고, 제대로 된 전략을 가지고 실행해야 한다. 이런 전략은 서로의 강점은 더욱 부각시키고, 약점을 보완해 줌으로써 진정한 시너지를 발휘하는 팀을 만들게 되는 것이다.

던젤 워싱턴 주연의 〈리멤버 타이탄〉이란 영화가 있다. 풋볼영화이면서 흑인과 백인의 통합을 다룬 영화다. 흑인과 백인 풋볼 팀을 통합하여 13승 무패의 기록, 주 챔피언 등극, 전국대회 준우승이라는 기록을 남기기까지의 실화를 다룬 영화다. 영화에서 나온 대화를 살펴보자.

"풋볼은 분노를 조절할 수 있어야 한다. 그리고 그 분노를 승화시켜 완벽을 추가하란 말이다. 우리 팀의 유니폼을 입었을 때는 최선을 다해야 한다. 모든 면에서 완벽을 추구해야 한다. 패스를 실패하면 1마일, 블로킹을 실패하면 1마일, 볼을 놓치면 성질날 테니 한 대 갈기고 1마일을 뛴다. 완벽함! 훈련 시작이다."

"지금부터 매일 피부색이 다른 동료를 찾아가서 가족이야기나 좋아하는 것과 싫어하는 것에 대해 알아 와라. 동료를 전부 찾아가 본 후 내게 보고해라. 그때까지 하루 세 번 연습이다. 서로를 무시하면 하루 네 번 연습이다."

"여기가 어딘지 아는 사람? 여기는 게티즈버그 전투(미국 남북전쟁의 결전장, 링컨의 연설장소)가 있었던 곳이다. 바로 이 장소에서 5만 명의 병사들이 죽어갔다. 그때 그들이 했던 전쟁을 지금 우리도 하고 있다. 이 푸른 초원이 피로 붉게 물들었다. 새파란 청춘의 붉은 피로 말이다. 총알이 비 오듯 쏟아지는 이곳에서 목숨 걸고 싸웠다. 그들의 영혼소리를 들어라. 서로가 원한을 품고 내 형제를 죽였다. 증오가 우리가족을 망쳤다. 들어라. 이들의 죽음을 헛되이 하지 마라. 이 숭고한 땅에 두 발을 딛고 있으면서도 마음을 합치지 못한다면 우리 역시 망가질 것이다. 이들과 똑같은 모습으로……. 지금 당장 좋아하라고 요구하지 않겠다. 하지만 서로를 인정하는 법만 배운다면 그렇게만 된다면 사나이다운 시합을 펼칠 수 있을 것이다."

진정한 팀워크는 힘을 합하여 서로 도움으로써 개개인이 가진 힘의 합보다 더 큰 힘을 내며, 시너지를 발휘하는 것을 말한다. 팀은 하나의 목적지를 향해 역할을 분담하고 책임을 나누면서 함께 손을 잡고 걸어간다. 때로는 팀원 간의 화합을 방해하는 개인 이기주의, 팀 이기주의, 조직문화, 가치관의 차이, 커뮤니케이션의 오류, 직장 에티

켓과 같은 갈등요인과 마주하기도 한다. 이런 갈등을 봉합하기 위해서는 팀이 가야 할 목적지가 명확해야 한다. 목적지가 없는 배는 큰 바다를 만나도 헤맬 수밖에 없다. 같은 목적지를 향해 각자의 책임을 다하면서 서로의 생각과 성과를 지속적으로 공유할 때만이 서로를 보완하는 팀워크가 생겨나게 되는 것이다.

오늘날 성공적인 조직을 살펴보면 열성적인 고객, 조직을 위해 자신을 희생하는 팀원, 튼튼한 재정이라는 삼박자가 잘 갖춰져 있다. 이 세 가지 중에서도 가장 기본이 되는 것이 조직을 위해 자신을 희생하는 팀원이다. 조직과 일의 가장 기본이 사람이듯이 팀원이 모여야 비로소 팀워크가 생기게 된다.

자신을 희생할 수 있는 팀원은 조직을 신뢰하고 팀원들을 신뢰한다. 신뢰를 기반으로 한 팀워크로 우리는 하나의 목적지를 향해 역할을 분담하고 책임을 나누면서 함께 손을 잡고 걸어간다. 때로는 강한 비바람이 몰아쳐 실패와 절망에 빠질 때도 있다. 이런 절망에서도 서로가 잡은 신뢰의 손이 튼튼하다는 것을 믿기 때문에 다시 일어서게 되는 것이다

모두가 바라는 팀은 '즐겁게 일할 수 있는 팀'이며, 모두가 바라는 팀워크는 '서로서로 지지하고, 존중하며, 신뢰를 통하여 시너지를 내는 팀워크'다. 이런 팀을 만들고 팀워크를 구축하기 위해서 무엇이 필요하고 어떻게 해야 할까? 바로 핵심가치와 전략에서 그 답을 찾아야 한다.

팀의 핵심가치를 달성하기 위해 강점을 최대한 살리고, 약점을 보완하는 전략이 필요하다. 이런 전략은 새로운 일과 문제 속의 스트레스를 감소시켜 즐거운 팀을 만들 수 있는 기반이 된다. 더불어 지속적인 소통으로 신뢰를 구축하는 전략도 필요하다. 소통을 통한 신뢰구축은 핵심가치를 공유하여 시너지를 내고, 팀을 행복의 길로 인도하는 것이다.

『아마존은 왜? 최고가에 자포스를 인수했나』에 보면 10가지 핵심가치가 나온다.

1. 고객감동 서비스를 실천하자(Deliver WOW Through Service)

2. 변화를 수용하고 주도하자(Embrace and Drive Change)

3. 재미와 약간의 괴팍함을 추구하자(Create Fun and A Little Weirdness)

4. 모험심과 창의성 그리고 열린 마음을 갖자.(Be Adventurous, Creative, and Open-Minded)

5. 배움과 성장을 추구하자(Pursue Growth and Learning)

6. 커뮤니케이션을 통해 솔직하고 열린 관계를 만들자(Build Open an Honest Relationships with Communication)

7. 확고한 팀워크와 가족애를 갖자(Build a Positive team and Family Spirit)

8. 최소한의 것으로 최대한의 효과를 만들자(Do More With Less)

9. 열정적이고 단호하게 행동하자(Be Passionate and Determined)

10. 늘 겸손하자(Be Humble)

자포스의 CFO 알프레드 린은 "자포스의 모든 것은 핵심가치에서 시작됩니다."라고 말한다. 핵심가치를 지키는 팀원들이 팀워크를 만들고, 팀워크가 모여서 자포스의 문화를 이룬 것이다. 자포스의 문화는 직원이 행복하고, 회사가 행복하며, 고객이 행복한 문화다. 이렇게 만들어진 문화는 인터넷 비즈니스의 거대 공룡인 아마존이 두려움에 떨게 했고, 12억 달러라는 어마어마한 금액으로 아마존에 인수되는 기염을 토해냈다. 이런 자포스의 사례는 팀워크를 기반으로 한 문화가 얼마나 큰 힘을 발휘하는지를 여실히 보여준다.

장편소설 『대지』로 1938년 노벨 문학상을 탄 펄벅(Pearl S. Buck) 여사가 1960년에 처음 한국을 방문했다. 그녀는 우선 여행지를 농촌마을로 정하고 경주를 방문하던 중 진귀한 풍경을 발견했다. 황혼 무렵 지게에 볏단을 진 채 소달구지에 볏단을 싣고 가던 농부의 모습이었다. 그녀는 '힘들게 지게에 짐을 따로 지고 갈 게 아니라 달구지에 실어버리면 아주 간단할 것이고, 농부도 소달구지에 타고 가면 더욱 편할 것인데……'라 생각하고 농부에게 다가가서 물었다.

"왜 소달구지를 타지 않고 힘들게 갑니까?"라고 묻자 농부가 대답했다.

"에이, 어떻게 타고 갑니까? 저도 하루 종일 일했지만 소도 하루 종일 일했는데요. 그러니 짐도 나누어지고 가야지요."

최고의 가치는 최고의 팀워크에서 만들어지며 최고의 팀워크는 서로를 신뢰하고 배려하는 팀원에게서 나온다. 자신만의 재능으로 잠깐의 성취를 얻을 수 있다. 하지만 힘들고 지칠 때 손 내미는 팀워크가 있다면 더 오르지 못할 산은 없다는 것을 다시 한 번 되새겨 본다.

혼자 밥 먹어도
혼자 일하지 마라

06 나 자신과 경쟁하고
동료와는 협력하라

"저 팀장 완전 다혈질이야. 혼자 성질내고 이야기가 안 돼."

"맞아. 혼자 잘난 척하고 말이 안 통해. 자기가 잘났으면 얼마나 잘 났다고……."

우리의 삶에는 선택을 통한 경쟁관계가 존재한다. 무수히 많은 선택의 기로에서 경쟁을 하며, 때로는 시련을 겪어 다른 문을 선택하기도 한다. 학교와 회사를 선택하거나 사업을 하면서 무수히 많은 평가를 받고, 남을 평가하는 경쟁관계에 놓이게 되는 것이다.

어느 누구도 평가와 경쟁을 피해갈 수는 없다. 심지어 가정에서도 서로에 대한 평가와 경쟁이 존재한다. 그렇기 때문에 경쟁과 평가에 대한 관점은 한 사람의 올바른 성장에 중요한 영향을 미친다.

사람을 만날 때 '경쟁과 평가'에 대한 관점을 확인하다 보면 그 사람의 생각을 어렴풋이나마 이해할 수 있다. 어떤 사람은 경쟁을 통해서 자신의 생각을 확장시키고, 서로의 장점을 배워 더 크게 성장한다. 반면 어떤 사람은 경쟁을 회피하고 자신의 방식만을 고집한다.

평가도 마찬가지다. 평가라는 것은 '나와 다른 시각에서 나를 바라보는 시각'이다. 이 넓은 세상을 한 사람이 다 경험할 수 없기 때문에 다른 사람에게서 받는 평가는 또 다른 생각을 배울 수 있는 기회인 것이다.

성과의 주인공들은 경쟁과 평가에 대한 확실한 관점을 가지고 있다. 그들은 동료의 강점을 배우고, 협력을 통해 보다 더 큰 성과를 만든다. 경쟁과 평가란 자극을 자신에게 돌림으로써 끊임없이 성장하는 환경을 스스로 만들며, 경쟁과 평가마저도 감사히 여기는 것이다.

유대인의 경우 아이가 실수했을 때 '마잘톱'이란 말을 쓴다. 마잘톱은 '축복을 빈다.'라는 뜻으로 '실수와 문제에 성장할 수 있는 기회가 있다.'는 지혜를 심어주기 위해 아이들의 실수를 축복하는 것이다.

나 또한 '다툼과 갈등에서 지혜를 가르친다.'는 육아원칙이 있다. 세 아이를 키우면서 크고 작은 다툼은 끊이지 않는다. 다툼과 문제가 생겼을 때 내가 항상 대처하는 방법이 있다.

"사랑하는 딸! 뽀로로 가지고 놀고 싶어? 그런데 친구는 어떨까? 친구도 갖고 싶을까?"라는 질문을 던진다. 상대의 입장을 생각해서 서로가 배우고 협력하는 더 큰 사람으로 자라길 바라는 마음으로 항상 '역지사지(易地思之)'를 일깨워 줬던 것이다. 그런데 하루는 큰 딸을 목욕시키면서 유치원에서 있었던 이야기를 듣게 되었다.

"아빠! 우리 반에 민정이는 피아노를 잘 치고, 수정이는 그림을 잘 그려. 그리고 효진이는 노래를 잘 불러."라고 이야기했다. 그래 "우리 예진이는 책을 가장 잘 읽잖아."라고 내가 칭찬해 주었더니 "그런데 아빠! 나는 민정이에게는 피아노를 배울 거고, 수정이에게는 그림을 배울 거야. 그래서 더 훌륭한 사람이 될 거야."라고 이야기하는 것이었다. 이 말을 듣는 순간 정말 깜짝 놀랐다. '엄마 아빠가 했던 조그만 말 습관이 큰 아이로 만들어 가는구나.'라는 생각이 들었기 때문이다. 이렇게 스스로 성장해 가는 자식을 보며 흐뭇해지는 것은 부모라면 똑같은 마음일 것이다. 하지만 한편으로는 너무 빨리 커가는 아이를 보면서 마음이 찡해지는 것도 사실이다. 그리고 이런 딸을 보며 더 열심히 '나와 경쟁하는 삶을 살아야겠다.'는 다짐을 한 번 더 하게 되었다.

회사에서 자신과 경쟁하며 성장하는 사람은 '끊임없는 발전이 있다.'는 것이다. 하지만 더 큰 뜻을 이루기 위해서는 다른 무엇이 필요하다. 그것이 바로 협력이다. 꿈의 크기와 고난의 크기는 비례관계다. 큰 뜻을 이루기 위해서는 그만큼 더 큰 고난과 역경을 이겨내야 한다. 이런 고난과 역경을 헤쳐 나가기 위해서는 자신의 주변 환경이 대단히 중요하다. 주변 환경 중에는 동료와의 협력, 회사의 문화, 배움의 기회와 같은 많은 요소들이 존재한다. 이중에서 역경을 극복하여 꿈을 실현하기 위해서는 가장 중요한 것이 바로 '협력'인 것이다.

협력은 생각을 주고받으면서 서로의 생각을 자극한다. 새로운 아이디어가 한 사람의 머리에 남아 있으면 그 아이디어는 사장되는 경우가 대부분이다. 하지만 아이디어가 여러 사람의 머리에 전해지면 서로를 자극해서 또 다른 아이디어들이 쏟아지고, 기회의 문을 열게 된다. 서로에게 긍정적인 자극을 주는 협력적 공유의 관계를 통해 튼튼한 조직을 이루며, 마침내 서로의 꿈을 지지해 줄 수 있는 문화가 만들어지는 것이다.

회사마다 부서마다 정말 다양한 문화를 가지고 있다. 회사의 문화는 사람과 사람, 일과 사람과의 관계를 다루는 방법에서 생겨난다. 이런 사회적 관계를 통한 문화를 올바르게 정립하지 않으면 스스로 성과를 내는 조직은 절대 만들어 지지 않는다.

성과를 내는 조직은 서로를 존중하며 배려한다. 배려와 존중에 기반을 둔 협력으로 새로운 일과 변화에 대한 두려움을 없애고, 기꺼이 도전할 수 있는 환경과 문화를 만들게 된다. 현명한 조직은 협력함으로써 더 큰 시너지를 낼 수 있다는 진실을 알고 있는 것이다.

전 핀란드 대통령인 타르야 할로넨은 이렇게 말한다.

"살기 좋은 사회는 안전하고 유연한 사회다. 그런 사회는 '변화'가 두렵지 않아야 한다. 직장을 바꾸거나 다른 분야에서 새롭게 출발하는 것이 대단한 결심이 필요한 거창한 일이 되어서는 안 된다. 빠르게 변화하는 삶의 속도에서 국민들이 두려움 없이 도전할 수 있는 여건을 만들어 주어야 한다."

'두려움 없이 도전할 수 있는 환경과 문화'는 도전할 수 있는 기회의 문을 넓혀 준다. 도전과 실패에 대한 두려움을 감소시켜주는 사회적 기반은 '변화에 도전하는 사회'를 만든다. 또한 개인에게는 자신과 경쟁하여 끊임없이 도전할 수 있는 환경을 만들어 주어 가슴속에 꿈을 묻고 사는 사람이 줄어들게 되는 것이다.

　도전의 두려움을 줄여주는 미래를 만들기 위해서는 전체를 보려고 노력하는 사람들이 모여서, 협력해야 한다. 전체를 보는 관점은 개개인이 스스로를 끊임없이 성장시키고, 이런 성장을 통해 협력의 중요성을 알게 될 때 생겨난다. 혼자서 성장하여 전체적인 시각을 갖는 데는 더 많은 노력이 필요하다. 하지만 경쟁을 통해 서로가 성장하고, 성장의 경험이 어우러질 때 비로소 이해와 배려의 폭이 넓어지게 되는 것이다. 이해와 배려의 폭은 전체적인 시각을 가지게 하는 기본이며 더 나아가 협력을 이끌어 내는 마중물임을 잊어서는 안 된다.

　인생에는 사람과 자연, 사람과 사람, 자신과의 싸움이 있다. 이 세 가지의 싸움에서 인생의 의미가 결정되는 것이다. 하지만 더 중요한 것이 있다. '이 싸움의 목적이다. 이 싸움의 목적은 바로 나와 경쟁해서 성장하고, 동료와 협력해서 성장하는 것이다. 바꿔서 말하면 사람과 자연이 협력해서 성장하는 것이고, 사람과 사람이 협력해서 성장하는 것이며, 마지막이 자신과 협력해서 성장하는 것이다. 그리고 행복해져야 한다.

우리가 태어난 이유는 행복한 삶을 이루며 살아가는 것이다. 행복한 삶에는 누군가의 따듯한 손길이 있었다. 부모님, 친구, 스승, 동료, 아내, 아이의 손과 심지어 편안히 쉴 수 있는 그루터기 또한 행복한 인생에 손을 내민다. 그 손에서 전해지는 따스함으로 성장하여, 자신의 따듯한 손을 내밀 수 있을 때 더 큰 사람이 되는 것이다. 그리고 마지막으로 기억해야 할 교훈은 당신이 무슨 성취를 이루든, 누군가는 당신을 도왔다는 사실이다.

07 일은 다하고
   욕먹는 사람이 되지 마라

회사에서 일을 하며 의견이 대립되는 경우와 아이들이 싸우는 데는 공통점이 있다. 바로 '자신의 입장을 우선시 한다.'는 것이다. 상대나 상황을 배려하지 않는 자기중심적인 시각에서 문제는 발생한다. 아이들이 하나의 물건을 서로 가진다고 싸우거나, 자기의 주장이 옳다고 싸우듯이 회사에서는 자신의 입장이나 팀의 입장만 고려하는 편협된 주장에서 갈등이 생기는 것이다.

갈등이나 싸움의 원인은 비슷하다. 전체를 보는 관점이 부족해서 발생한다. 부모가 아무리 논리적으로 이야기하고 아이들이 이해했더라도 아이들의 경우 자기중심적인 성향이 강한 나이기 때문에 어쩔 수 없다. 하지만 회사에서 자신의 입장과 팀의 입장만 고려하여 갈등을 초래한 경우 회사전체에 손실을 입히는 결과를 초래하게 된다.

갈등의 끝에는 피해를 보는 사람이 생긴다. 피해의 주인공은 자신을 자제하지 못하고 과하게 욕심 부리는 사람인 것이다. 아이들 간의 갈등의 마무리는 부모의 잔소리를 듣는 데서 끝난다. 반면 회사에서 자신의 입장만 고려한 일처리는 그 사람의 평판이 되고 일을 하면서 욕먹는 주인공이 되는 것이다.

회사에서도 잔소리 듣고 욕먹으며 자신의 성과를 제대로 못 챙기는 여러 부류의 사람이 있다. 자신의 일을 남에게 떠미는 능구렁이 스타일, 말로만 일하는 뺀질이 스타일, 침묵하는 스타일, 뒤에서 이야기하는 뒷담화 스타일, 일 다 하고 욕먹는 미련한 스타일이 있다. 이 중에서 제일 한심한 사람이 일 다 하고 욕먹는 사람이다. 자신의 일을 다 하면서 제대로 된 인정을 받지 못하니 일을 하는 자신은 얼마나 원통하겠는가? 이런 일이 일어나는 이유는 일을 하며 성과를 인정받는데 영향을 미치는 '그 무엇'을 모르기 때문일 것이다. 그러면 결정적인 '그 무엇'은 무엇일까?

회사에서 일을 통해 제대로 된 성과를 인정받으려면 성과에 영향을 미치는 요소를 정확히 아는 것이 중요하다.

성과에 영향을 미치는 요소를 명확히 파악하여 제대로 된 전략을 가지고 일을 하는 것이 필요한 것이다. 성과를 인정받는데 영향을 미치는 요소는 크게 '보이는 요소'와 '보이지 않는 요소'로 나눌 수 있다. 보이는 요소는 고객이 필요로 하는 결과물을 말한다. 상사가 영업에 관련된 보고를 원했다면 '보고서'가 고객이 원하는 결과물이 되는 것이다.

인정을 받는데 영향을 미치는 보이지 않는 요소는 어떤 것이 있을까? 인정에 영향을 주는 보이지 않는 요소는 크게 3가지다. 일을 대하는 태도, 커뮤니케이션, 품질이다.

일을 대하는 태도는 일에 대한 진실한 마음과 성과를 위한 끝없는 열정에 따라 차이가 난다. 열정이 있다면 일에 대한 성과의 방향을 설정하여 일을 추진하는 자체가 즐거움이며, 그 모습은 이야기하지 않아도 그 사람의 가치가 되는 것이다. 더불어 일의 중심에 있는 상사와 고객을 존중하는 진실한 마음을 가져야 한다. 진실한 마음과 거짓된 마음은 얼굴에 드러나게 되어있다. 상사와 고객을 만나기 전 항상 자신의 몸과 마음을 들여다보고 관리해야 한다. 조그만 방심이 당신의 성과에 흠을 낸다는 것을 잊지 말아야 한다.

다음으로 커뮤니케이션은 일의 결과물을 내기까지 끊임없이 소통하는 방식을 말한다. 큰 틀에서 보면 일의 진행상황과 결과물에 대한 고객과 상사와의 의견공유가 잘 되어야 한다. 처음 시작할 때 큰 그림을 공유하는 것이 중요하다. 나의 경우에는 1장의 프레임에 일의 목적과 추진방향 및 세부추진사항을 한눈에 볼 수 있게 만들어서 상사와 공유하는 방법을 사용한다. 상사는 큰 그림과 흐름을 기억하는 것을 좋아한다. 진행상황의 보고 시에 1장의 프레임과 연관된 결과물을 순서대로 보여줌으로써 최종 결과물에 대한 예측을 사전에 공유할 수 있다. 상사의 경우 실무진보다 내용을 더 잘 파악할 수는 없기 때문에 1장의 프레임을 보여주면서 지속적인 커뮤니케이션을 해야 하는 것이다.

리스크에 대한 커뮤니케이션도 대단히 중요하다. 일을 진행하다가 실무진의 의사결정 범위를 벗어나거나, 돌발 상황이 생기는 경우에는 상사의 적극적인 도움을 요청해야 한다. 상사는 기꺼이 후배에게 한방을 보여줄 준비된 4번 타자이기 때문이다.

마지막으로 인정에 영향을 주는 화룡정점은 '결과물의 품질'이다. 결과물의 품질은 초기에 설정한 1장의 프레임에 나타난 계획 대비 성과로 결정된다. 성과라는 결과물을 통하여 제대로 된 고객의 만족을 이끌어내야 하는 것이다. 간혹 상사가 보고서의 수정을 지시했을 경우 일 못하는 사람은 지시받은 그대로 수정해서 들고 오지만, 일 잘하는 사람은 지시한 내용에 자신의 열정과 의미가 담긴 결과물을 들고 온다. 상사가 무엇을 바라겠는가? 보이는 결과물뿐만 아니라 보이지 않는 부하직원이 태도와 열정을 바란다. 결국 상사는 부하직원이 자신의 열정과 의지를 담은 결과물로 성과를 인정받아 제대로 성장하기를 바라는 것이다.

회사에서 티볼리 프로젝트를 진행할 때 신규로 적용된 프런트엔드 모듈의 장비를 쌍용자동차 최초로 설치하게 되었다. 쌍용자동차의 조립라인에 최초로 적용되는 부품이었고, 최초로 작업자가 조작하는 반자동화 장비를 설치해야 했다.

초기의 설계단계에서부터 예상문제를 공유하고, 해결방안을 관련부서가 공유하였다. 최초의 시도인 만큼 철저한 벤치마킹과 사전검토가 이루어졌다. 차량 예상문제와 반자동화 장비의 예상문제가 100가지를 넘어섰고, 하나하나 문제에 대한 해결책을 끊임없이 공유해 갔다.

설계단계의 도면반영이 최종적으로 마무리될 때쯤 설비에 대한 생산 팀과 보전 팀의 수없이 많은 우려와 요구사항들이 밀려왔다. 3차원 모델링을 통하여 라인의 반자동화 장비의 작업 동영상을 제작하고, 최적의 장비 프로세스를 설정하여 관련부서와 끊임없이 소통하고 또 소통했다.

팀장의 반자동화 장비에 대한 우려도 만만치 않았다. 기존의 유사 장비는 공압을 사용한 수작업 개념이었지만 새로 설치될 반자동화 장비의 경우 복잡한 전기제어에 철저한 프로세스 설정이 요구되는 장비여서 팀장의 우려도 무시할 수 없었다. 하지만 투자비용의 차이를 제외하면 작업자 용이성, 보전성, 품질확보 같은 모든 측면에서 유리하다는 비교자료를 작성하여 이를 통해 팀장과 관련부서에 끊임없는 설득작업을 진행하였다. 마침내 나의 확신과 의지는 지지를 얻었고, 투자비 면에서도 절감 안을 도출하여 본격적인 설비설치에 들어갔다.

도전적인 일이 많았기 때문에 모든 책임은 고스란히 나의 어깨에 실렸다. 처음에는 무거웠지만 확신으로 하나를 해결하고, 또 다른 확신으로 다음을 해결하다 보니 어느덧 책임이 미래를 보여주고 있었다. 결국 우려를 불식시키면서 설비설치를 완료하였다. 하지만 최대의 고비인 차량생산라인의 시운전이 남아있었다. 타사보다 스마트한 콘셉트라고 자부했기 때문에 주말을 반납하고, 새벽까지 장비를 세

팅하는 일이 힘들지만은 않았다. 또한 대량생산 시점에 생산과 보전 부서의 우려를 종식시키는 일이 남아있었다. 발생되지 않은 걱정과 우려로 자칫 그동안의 고생이 수포로 돌아갈 수 있는 상황이었다. 그래서 '1만 대 보증'이라는 마지막 한 수를 약속하였다. 다행히 티볼리의 선풍적인 인기로 두 달 반 만에 1만 대를 돌파하면서 관련부서와의 약속을 끝까지 지킬 수 있었다. 이렇게 해서 내가 설치한 이 장비는 티볼리 생산라인에서 주목받는 장비가 된 것이었다.

나에게는 새로운 일이고 도전이었다. 하지만 일을 완수해야 한다는 책임감에 수없이 많은 문제들을 해결해야 했고, 도전과 열정이 필요했다. 최종 결과물을 공유하고 계속적인 추진력을 발휘하기 위해 소통에 소통을 다했다. 마지막 결과물에 내가 흘린 땀의 마침표를 찍기 위해 끝까지 최고의 품질을 약속했고 결국은 그 약속을 지켰다. 그리고 티볼리라는 작품으로 인정받게 된 것이다.

일은 다 하고도 성과를 인정받지 못하는 사람이 있다. 그들에게는 제일 중요한 마지막 하나가 빠져있다. 그것은 바로 마지막을 정직하게 긍정하는 것이다. 마지막을 정직하게 긍정적으로 마무리하기 위해서는 자신의 보이지 않는 부분을 스스로 채워야 한다. 일의 결과물은 눈으로 드러나지만 자신의 태도, 신념, 열정과 긍정적인 마인드는 스스로 관리하지 않으면 제대로 빛을 발휘하지 못한다. 자신의 태도나 신념이 회사의 성과와 부합되어 회사의 미래를 밝게 할 수 있는지를 끊임없이 관찰해야 한다.

업무에 대한 많은 지식도 중요하고, 그 일을 추진하는 실행력도 중요하다. 하지만 결과적으로 자신의 결과물을 제대로 인정받기 위해서는 마지막을 어떻게 마무리 하느냐에 달려있다. 올바른 신념을 가지고 긍정과 정직이라는 최후의 열쇠를 가진 사람만이 빛나는 성과의 주인공으로 우뚝 서는 것은 당연하기 때문이다.

08 소통하고, 소통하고,
     또 소통하라

2015년 뜨거운 여름, 진주여자고등학교 2학년을 자퇴하고 1인 시위를 한 김다운 양의 피켓에는 이런 문구가 적혀있었다.

"여러분의 학교엔 진정 배움이 있습니까?"

『학교에 배움이 있습니까?』라는 책을 통해 알게 된 한 여고생의 단호한 물음이었다. 이 물음이 한국사회를 뜨겁게 달군 만큼, 세 아이의 아빠인 나에게도 엄청난 교육의 현실을 직시하게 했다. 그리고 결론은 '소통되지 않는 우리나라 교육의 현실'에 대한 우려와 미래에 대한 걱정이었다. 하지만 또 다른 생각이 들었다.

"회사에 진정한 소통이 있습니까?"

누구나 회사에서 소통과 관련하여 불평불만을 해본 적이 있을 것이다. 나 또한 신입사원 때 동기들과 술자리를 하면서 푸념을 하던 때가 생각난다. 동기 네 명이 동시에 같은 팀으로 입사를 했다. 이렇게 많은 동기가 한꺼번에 같은 팀으로 들어온 것은 이유가 있었다. 네 명의 신입사원이 입사하기 전 우리 팀에서 다른 팀으로 이동할 수 있는 기회를 주기 위해 설문을 했었다. 설문결과는 처참했다. 90프로의 팀원들이 부서이동을 원했던 것이었다. 주말도 없이 밤낮으로 일하던 고참들은 지쳐 있었고 힘들어했다. 이런 고참들의 일을 조금이나마 덜어주기 위해 동기 네 명이 한꺼번에 우리 팀으로 입사하게 된 것이었다.

충분한 소통과 부서의 문화를 바꾸겠다는 고참들의 각오 없이 우리 동기들은 서브팀으로 각각 배치되었다. 서브팀으로 배치되면서 동기들 또한 밤낮없이 일을 했고 제대로 된 소통이 없었던 부서의 문화를 몸으로 느끼면서 문제가 일어나기 시작했다. 특히 한 서브팀장의 칼 같은 스케줄 관리와 업무체크, 업무회의에서의 이어지는 질타와 모욕은 두 명의 동기를 더욱 힘들게 몰아 붙였다. 옆에서 동기의 이야기들을 듣고 지켜보던 중 '이런 상황에서 동기들 다 나가겠다.'는 생각이 들었다. 그래서 새벽에 일찍 출근을 했고 전 팀원들에게 메일을 보냈다.

'이것이 팀입니까? 제대로 된 교육 없이 실전에 배치하는 것까지는 극복해야 할 일이라고 이해를 하더라도 피 말리는 스케줄 관리로 스트레스를 주고, 신입사원들의 이야기는 제대로 들어주지 않은 이런 팀이 팀입니까? 고참들은 힘들어 하는 신입사원들이 안보이십니까? 이러다 동기들 다 나가면 또 힘들어 지는 것은 팀입니다. 뭔가 바뀌어

야 우리 팀이 숨을 쉴 수 있을 것 같은데 도대체 어떻게 해야 합니까?'

부서원들에게 메일을 보낸 후에 학사장교 출신의 윤대리가 출근해서 메일을 보게 되었다. 그리고 나에게 "형덕씨! 메일 당장 지워."라고 명령했다. "정말 지워야 합니까?"라고 이야기했지만 "안 돼. 지금 이렇게 한다고 안 바뀐다. 바로 지워."라는 지시에 어쩔 수 없이 메일은 지워졌고, 결국 동기들 세 명은 모두 퇴사를 하고 말았다. 한참이 지나서 선배와 술을 먹다가 "혹시 예전에 제가 팀에 메일을 쓴 사실을 들은 적이 있나요?"라고 물은 적이 있었다. 여러 선배에게 물어 보았지만 그 사실을 아는 사람은 없었고 심지어 팀장조차 모르고 있었다. 그리고 생각했다.

'우리 부서는 정말 소통이 문제구나!'

존앤존스의 CEO 짐버크는 "나는 재직 중 일과의 40퍼센트를 직원들과 의사소통을 하는데 할애했다. 그만큼 커뮤니케이션이 중요한 것이다. 그중에서도 가장 중요한 것은 경청이다."라고 말한다. 우리 팀의 동기들이 이런 결정을 했던 것도 소통의 부재에서 발생한 것이다. 모두가 바쁜 팀원들에게 소통이란 사치로 여겨졌고 더욱더 안 좋은 상황의 악순환을 만들었던 것이었다. 팀원 간의 소통, 일에서의 소통을 통하여 부서원들은 서로서로 힘을 받지 못했고 지쳐만 가는 상황에 놓여 있었다. 또한 동기들의 이야기를 경청해 주는 진정한 고참이 없었던 것이다. 팀에서 올바른 소통의 문화가 없었으니 서로의 시너지는 당연히 찾아 볼 수 없었고, 제대로 된 변화를 이끌 수 있는 에너지가 없었던 것이다.

한번은 이런 광고를 본 적이 있다. 한 남자가 낭떠러지가 바로 옆인 산악도로에서 갓길에 빨간 오픈카를 세워두고 몸을 푸는 워밍업을 하고 있었다. 워밍업을 한 후에 자신 자신의 빨간 오픈카의 옆면에 손을 짚고 기대어서 종아리 스트레칭을 하는 중이었다. 그러던 중 한 대의 버스가 산악 도로를 올라 왔다. 버스기사는 이 광경을 보고 버스를 세워 차의 옆으로 다가간다. 아무런 말없이 옆 사람이 하는 동작을 보고, 빨간색 오픈카를 절벽 아래로 밀어 버린다. 그리고 유유히 버스를 몰고 가버린다. 오픈카의 주인은 황당함에 넋을 잃고 만다.

이 광고를 보며 '빵'하고 웃음이 터졌다. 지금 자판을 두드리고 있는 동안에도 웃음이 난다. 조금은 과장된 광고이지만 이야기의 핵심은 '소통'이다. 제대로 소통하지 않을 때 엄청난 일이 일어난다는 것을 보여주었고, 이 광고를 통해서 깨달은 것이 있었다. 그것은 바로 '임팩트가 있는 스토리'였다. 임팩트가 있는 스토리가 사람을 웃게 하고, 내용을 더 오래 기억하며, 광고의 가치를 만드는 결정적인 요인으로 작용한다는 것이다.

소통의 또 다른 얼굴은 임팩트 있는 스토리다. 회사는 제품과 서비스를 통해 고객과 소통함으로써 스토리를 만들며, 구성원들은 자신의 일과 관계에서 의미를 부여함으로써 스토리를 만들게 된다. 이런 소통을 통한 스토리는 회사를 이끌어 나가는 힘이며, 관계를 이끌어

나가는 힘으로 작용한다. 결국 고객의 스토리, 직원의 스토리가 모여서 회사의 문화로 발전하는 것이다.

회사의 소통문화는 '잘된 소통'과 '잘못된 소통'의 차이에서 결정된다. 단지 일을 위해 소통하는 것과 서로의 성장과 행복을 위해 소통하는 것은 질적인 차이가 발생한다. 일의 목적과 주제에 맞는 명쾌한 소통은 기본이다. 하지만 더 중요한 것은 사람이다.

진정한 소통은 사람을 중심에 두고 서로에게 행복한 의미를 가질 때 이루어진다. 고객과 회사, 회사와 구성원, 구성원과 구성원 간의 관계에서 진정한 소통을 위한 연결고리를 찾아야 하는 것이다. 그 연결 고리가 바로 '행복한 의미'인 것이다.

"행복한 의미는 어떻게 만들어질까?" 우선 불평불만을 걷어내야 한다. 불평불만은 서로가 윈윈 하는 관계를 가로막는 최대의 적이다. 그래서 불평불만을 걷어내는 유일한 방법인 '감사'하고, '감탄'하고, '감동'하는 것에 집중해야 하는 것이다.

우리는 '자신이 지금 여기에 있는 것은 누군가의 희생이 있었기 때문이다.'라는 말을 기억해야 한다. 회사에서는 누군가는 앞서가고 누군가는 뒤에서 받쳐준다. 이 같은 관계에서 회사, 동료, 고객의 배려에 감사하고, 감탄하며, 감동할 때만이 '행복한 의미'는 짙어지고 경쟁을 넘어선 '모두의 스토리'로 미소를 선사하게 된다.

'행복한 의미가 스토리를 만든다.'는 것은 어떤 뜻일까? 예를 들어 살펴보면 '4학년 큰 딸이 운동회에서 달리기를 했다. 중간에 넘어져서 꼴지를 했다.'는 단순한 사실이다. 하지만 '4학년 큰 딸이 운동회에서 달리기를 하다 넘어져서 무릎에 피가 났다. 하지만 절룩거리면서도 끝까지 달렸다. 비록 꼴찌로 들어왔지만 너무 자랑스러운 딸을 꼭 안아주며 '끝까지 달려준 우리 딸 최고!'라고 말해주었다. 그리고 이 모습을 보는 주위의 친구들과 학부모들의 박수가 울려 퍼졌다.'는 재미와 감동을 담은 스토리가 된다. 일에서도 이런 스토리는 필요하다. 스토리가 있는 일은 자신에게 의미를 부여하고 일과 자신을 진정으로 소통하게 한다. 또한 일을 통해 성과를 내는 과정에서 함께하는 동료와 상사가 자신의 스토리를 이해함으로써 제대로 소통할 수 있는 것이다.

일을 하며 내가 항상 기억하는 말이 있다. '내 인생 최고의 작품을 만든다.'는 말이다. 일을 내 인생의 작품으로 생각함으로써 일과 진심으로 소통하게 되고, 제대로 된 성과를 만드는 것이다.

진정한 작품은 일과의 소통에서 시작된다. 현재의 일과 최종 결과물인 성과를 사이에 두고 끊임없이 소통할 때만이 진정한 작품은 우리에게 다가온다. 하지만 일에 진심을 다하지 않으면 감동은 멀리 달아나 버린다. 일의 시작에서 끝을 상상하고, 진정한 소통으로 자신의 일에 스토리를 만들게 된다면 비로소 일을 즐기며 성장하는 자신을 발견하게 된다.

일을 스토리로 만드는 데는 3번의 소통이 필요하다. 먼저 '일과 자신이 소통'이다. 일을 통해 자신의 변화되는 모습을 상상하며, 일의 주인공인 자신에게 끊임없이 응원을 보내야 한다. 두려움에 맞서고 진정한 용기를 불어넣을 수 있는 사람은 바로 '자신'뿐이기 때문이다.

다음으로 '일과 고객의 소통'이다. 일에서 성과를 내기 위해서는 고객만족이 최우선이다. 끊임없이 고객의 니즈와 니즈의 변화를 파악해야 하고, 그 변화에 제대로 소통해야 하는 것이다. 고객이 품질을 말하던 때는 지났다. 고객이 예상하지 못한 배려를 제품과 서비스에 담음으로써 '품격'으로 고객에게 다가가야 한다. 진정한 품격만이 고객을 스토리의 주인공으로 만들 수 있는 것이다.

마지막은 '일과 관계의 소통'이다. 일을 시작하고 끝을 맺는 과정에서 상사와 동료와의 소통은 꼭 필요하다. 동료와의 소통은 서로를 의지하는 힘이 되며, 상사와의 소통은 '성과의 사다리'가 된다. 자신보다 많은 경험을 가진 상사들의 도움은 제대로 된 성과를 만들어 낸다. 여러 사람의 경험을 통하여 보다 더 높은 성과를 만들 수 있는 것이다. 상사도 어떻게 보면 고객이다. 상사에게 진심을 다하면 자신의 일에 진정한 우군이 생긴다는 것을 잊지 말아야 한다.

성공한 사람들은 대부분 잠재의식과 제대로 된 소통을 한 사람들이다. 자신의 잠재의식을 지배하던 불평불만을 걷어냄으로써 진정한 자신을 바라보게 된다. 도전과 시련의 상황에서 두려움에 가려져 있던 무한한 잠재력과 소통하여 자신의 꿈에 성공이라는 단어를 선물한 것이다.

소통은 배움이고 배움은 곧 미래다. 소통 없는 가정은 미래가 없고, 소통 없는 회사 또한 미래가 없는 것이다. 진정한 소통을 통한 배움만이 변화에 두려움 없는 자신을 만들며, 회사를 만들고 사회를 만드는 것이다. 이제 진정한 소통을 통해 평생의 잊지 못할 스토리를 만들어 보는 게 어떨까?

직장생활 즐겁게
하는 8가지 방법

01 '지금' 당장
일 공부를 시작하라

"당신이 인생을 즐기는 가장 쉬운 방법이 있는가?"

내가 생각하는 최고의 방법은 배우는 것이다. 우리는 부모에게서 배우고, 학교에서 배우고, 직장에서 배우며, 심지어 자연에서도 배움을 얻는다. 끊임없는 배움은 진정한 자신의 빛을 끌어내어 후회하지 않는 삶을 살아가는 등불이 되어 자신의 길을 비춰준다.

유대인들은 아이들이 글자를 접할 때 특이한 방법을 사용한다. 케이크에 알파벳을 적어놓고 아이들이 손가락으로 케이크 위의 글자를 따라 쓰게 한다. 아이들은 손가락에 묻는 크림에 재미있어하고, 손가락의 크림을 먹으면서 달콤함을 느끼게 된다. 이런 이벤트를 통해 글자에 대한 새로움과 두려움보다는 배움에 대한 재미와 달콤한 기억을 제일 먼저 자신의 잠재의식에 새기는 것이다.

우리나라에서는 공부를 생각하면 제일 먼저 '고3'이란 단어가 떠오른다. 고등학교 3학년은 '낭랑 18세'와 같은 나이다. 밝고 명랑한 18세 청춘을 말하는 낭랑 18세라는 말이 있지만 우리나라에서는 치열하게 공부하는 고등학교 3학년을 떠올리는 것이다.

고3 시절을 겪은 성인이면 그 시절의 추억과 아쉬움을 가지고 있을 것이다. 나 또한 고등학교 3학년에 대한 남다른 생각을 가지고 있다. 고등학교 2학년 겨울방학부터 정신을 차리기 시작해서 고등학교 3학년을 보내는 것은 나에게는 꿈같은 날이었다. 하루에 4시간씩 자면서 5시에 일어나 독서실에는 자전거를 타고 동쪽 하늘에 떠있는 샛별을 보며 다녔다. 샛별을 보면서 '저 별이 나의 미래야. 지금은 별이 되는 과정이야.'라는 생각을 했고, 별을 보는 것이 무척 좋았다. 자취방에 와서 다섯째 누나가 해주는 계란 프라이와 어묵국을 먹고 도시락 두 개를 싸서 학교로 갔다. 그때 자취를 하면서 먹은 어묵국이 누나에 대한 고마운 마음을 생각나게 하지만, 시골에서 도시로 나와서 제일 많이 먹은 국이 어묵국이기 때문에 지금은 어묵국을 잘 먹지 않는다.

학교에 가서 1교시 수업 전에 공부를 하고, 쉬는 시간에도 누가 시키지 않았는데도 공부를 했다. 정말 공부가 재미있었고 시험 볼 때마다 변해가는 성적에 나 자신도 놀랐었다. 2학년 말에 전교 100등 밖에서 3학년 1학기 중간고사에 33등으로 엄청난 변화가 나에게 일어났다. 하지만 그 당시에는 나의 이런 변화를 격려해주고, 나의 미래를 같이 지켜봐 주는 코치는 없었다.

부모님은 농사일로 자식의 진로에는 특별히 신경을 못 쓰던 세대였고, 형님 또한 대학을 나오셨지만 가정이 있어 떨어져 지냈기 때문에 나의 이런 변화를 봐주지 못했다. 또한 학교에서도 나의 이런 비약적인 도약에 대해 많은 관심을 가져주고 동기를 부여해주는 선생님도 없었다.

1학기 때의 엄청난 변화는 더운 여름을 기점으로 열기가 식어갔고, 치명적인 고3 때의 일탈을 겪게 되었다. 그때 만약 어떤 인생을 살겠다는 다짐, 심지어 어느 대학을 가겠다는 확실한 신념만 있었다면 지금의 나의 인생이 엄청 달라졌을 것이라는 생각이 든다. 하지만 절대 후회는 하지 않는다. 가장 큰 인생의 교훈 세 가지를 얻었기 때문이다.

첫째, 고3시절만큼 공부하고 노력하는 습관을 가져라. 고3시절 새벽에 샛별을 보고 하루의 모든 시간을 자신의 공부에 투자했다. 성인이 되어서는 직장 때문에 오로지 공부에만 나의 모든 시간을 투자할 수 없다. 하지만 그때 느낀 즐거움과 노력의 수준은 진정한 나의 꿈을 위한 '노력의 수준을 평가하는 가장 큰 척도'가 되었다.

인생 전체를 두고 보면 고3시절은 문제의 해답이 아닌 정답을 찾는데 에너지를 쓴다는 것이 문제였다. 하지만 그 시절에 집중적으로 하나의 목표를 위해 달려갔던 경험은 나에게 다시없는 중요한 재산이 되었다. '그때의 공부습관으로 나의 꿈에 투자한다면 이루지 못할 것은 없다.'는 소중한 교훈을 내 의식에 새겼기 때문이다.

둘째, 인생의 중요한 시기에 다른 곳을 보면, 먼 길을 돌아가게 된다. 고3이라는 중요한 시기의 일탈은 인생의 많은 언덕을 경험하게 했다. 그런 경험이 자양분이 된다는 것을 깨달았지만 더 큰 성취를 이루지 못한 시간에 대한 아쉬움이 드는 것은 어쩔 수 없었다. 하지만 지금은 그때의 후회가 하루하루를 제대로 살아가는 힘으로 자리 잡았고 시간에 대한 소중함을 깨닫게 되었다.

셋째, 인생의 중요한 시기마다 코치를 찾아라. 돈이 삶의 안정을 주지만 돈보다 더 중요한 것은 시간이다. 시간을 언제, 어디에 투자하느냐에 따라 우리 인생은 엄청나게 달라진다. 우리 인생은 정말 아름다운 시간의 연속이다. 이 아름다운 시간에 진정한 의미를 부여하고 더 큰 도약이 필요한 시점이 언젠가 찾아온다. 그런 시간이 오면 우리는 적극적으로 자신의 미래를 먼저 경험한 코치를 찾아야 한다. 진정한 코치가 있다면 우리는 성장에 날개를 달 수 있기 때문이다.

괴테는 "가장 유능한 사람은 배움에 힘쓰는 사람이다."라고 말했다. 고등학교 3학년 때의 경험이 배움에 힘쓰는 나를 만들었다. 언제나 중요한 시기에 더욱더 독서에 매진하고, 주위의 조언을 두려움 없이 구하는 나의 성격을 만들었던 것이다.

일과 관련된 책들을 보면 '일의 목적을 세워라', '성과를 내는 방법, 관계를 이끄는 기술, 소통을 하는 방법, 우선순위를 정하는 기술을 배워라' 등 다양한 내용을 담고 있다. 이런 책을 보면서 내가 가장 궁금하게 생각한 것은 '어떻게 하면 일을 재미있게 할 수 있을까?'였다. 나의 경우 힘든 과정을 수없이 겪었다. 하지만 이런 과정 속에서 성취를 통한 보람을 느끼고, 보람을 통해 한 단계 성장하는 자신을 느끼면서 일을 했다. 힘든 일의 끝에서 항상 즐겁게 일을 마무리하는 습관이 있었다. 그래서인지 '일을 재미있게 할 수 있는 방법을 안다면 더 큰 사람이 될 수 있지 않을까?'라는 생각에 이르게 된 것이다. 어떻게 보면 일에 대한 공부는 '자신의 일에서 재미를 느끼는 방법을 찾는 과정'이기 때문이다.

미국의 저명한 경영평론가 톰 피터스(Tom Peters)는 샌프란시스코 리츠칼튼 호텔에 근무하는 청소부 아줌마 버지니아 아주엘라를 피터 드러커가 말한 '지식 근로자'의 전형으로 지목했다. 아주엘라는 20년 가까이 호텔에서 일하면서 청소를 몸으로 때우는 허드렛일로 여기지 않고 자신의 일에 열과 성의를 다했다. 그러나 단지 열심히 일하는 것으로 그치지 않았다. 그녀는 객실을 청소하고 침대 시트를 갈아 끼우는 방법을 자기 나름대로 개선, 보완해 노하우를 창출해 냈고, 자신의 방법을 동료들에게 가르쳐 주었다. 그래서 그녀가 바로 '자신의 일을 끊임없이 개선, 개발, 혁신해 부가가치를 끌어 올리는 사람'을 말하는 진정한 '지식 근로자'로 뽑힌 이유였던 것이다.

아주엘라처럼 진정으로 자신의 일을 사랑하고 즐기는 사람들은 공통점이 있다.

첫째, 자신의 일을 사랑하고 끊임없이 배운다.

둘째, 자신의 일을 끊임없이 개선하여 가치를 올린다.

셋째, 우선 자신의 무대에서 실력을 인정받는다.

넷째, 자신의 경험을 나누어 함께 성장한다.

다섯째, 진정한 행복의 주인으로 거듭난다.

진정한 일 공부는 자신의 일에서 즐거움을 찾아 행복해 지는 것을 배우는 것이다. 자신의 일을 사랑하고, 일속에서 가치를 만들어 냄으로써 서로가 행복해져야 한다. 누구도 자신의 일에서 행복을 찾아주지 않는다. 바로 자신의 마음속에서 찾을 수 있는 것이다.

유대인의 지혜서 탈무드에 이런 말이 있다.

'세상에서 가장 지혜로운 사람은 배우는 사람이고 세상에서 가장 행복한 사람은 감사하는 사람이다.'

직장생활은 우리가 일을 통해 배울 수 있는 환경을 제공한다. 단순히 돈을 벌기 위해 일하는 것이 아니라 행복에 젖어 일을 해야 한다. 행복한 사람은 자신의 일에서 '지금' 끊임없이 배우고 성장하는 사람이다. 결국 일에서 우리는 성장하는 자신을 느끼며, 감사하는 마음을 가지는 이 순간에 행복의 문이 열린다는 진실을 깨달아야 하지 않을까.

02 일의 우선순위를
　　먼저 정하라

　　당신은 자신의 인생에서 제일 소중한 자원이 무엇이라고 생각하는
가? 돈, 사람, 시간이라는 자원 중에서는 대부분 사람들은 '시간'이라는
자원을 제일 소중하다고 생각한다. 돈은 벌면 되고, 사람은 관계를 맺
으면 된다. 하지만 시간이란 자원은 흘러가면 사라져 버린다.

　　24시간은 누구에게나 똑같이 주어지는 시간이다. 힘 있는 사람이
나 약한 사람, 부자나 가난한 사람에게 똑같이 주어진다. 이렇게 주
어진 소중한 시간을 어디에 투자하느냐에 따라 그 사람의 인생은 달
라진다. 친구나 동료와 술을 마시는 사람, 혼자서 책을 읽는 사람, 무
수히 많은 일로 야근을 하는 사람, 가족과 시간을 보내는 사람 등 다
양한 선택을 통하여 우리는 자신의 시간에 의미를 부여한다. 각자가
선택한 의미에 따라 우선순위를 정하게 되고 그 우선순위가 자신의
삶을 결정하며 살아가는 것이다.

회사에서 신입사원을 교육을 할 기회가 있었다.

"안녕하세요, 신입사원 여러분? 저는 생산기술부문에서 일을 하는 서형덕 대리입니다. 입사한 기분이 어떠세요? (중략) 제가 여러분에게 하고 싶은 한 가지 질문이 있습니다. 여러분은 애인, 친구, 돈, 일 중 자신의 인생에서 가장 소중한 것이 지금 뭐라고 생각하세요?"

"저는 돈이 제일 중요하다고 생각합니다. 제 인생의 미래를 가치 있게 하고, 여행도 다니고, 집도 사야 하니까요.""저는 친구가 제일 소중하다고 생각해요. 일생을 함께할 진정한 친구가 있어야 진정 행복하니까요.""저는 여자 친구가 제일 중요합니다." 등 각양각색의 답이 나왔다.

"여러분 혹시 여자 친구나 남자 친구 있으세요? 그 사람과 결혼하실 건가요? 만일 결혼할 여자 친구, 남자 친구라면 그 사람이 저는 1순위라고 생각합니다. 평생을 같이할 사람인데 제대로 된 배우자를 만나야 평생이 행복합니다. 제대로 된 사람을 만나지 못하면 평생 골치 아픕니다. 만일 여러분이 평생을 함께할 여자 친구나 남자 친구가 없다면, 저는 가장 소중한 것이 '일'이라고 생각합니다.

돈 많이 벌고 싶으시죠? 저도 많이 벌고 싶습니다. 돈은 어떻게 버나요? 일을 해야 돈을 벌 수 있잖아요. 제가 2005년도에 신공장 건설과 신차프로젝트를 동시에 진행하다 보니 365일 중에 358일을 일했더라고요. 그래서 연봉이 입사동기 중에 TOP이 되었지요. 일 년에 358일 일해도 여자 친구 만나고 친구들과 술도 먹었습니다. 저녁에 일 끝나고 여자 친구 만나러 가보세요. 더 좋고 애틋합니다. 주말에 특근하고 특근비 챙겨서 친구와 저녁 늦게 만나서 '일이 요즘 왜 이렇게 바쁘냐. 직장상사가 왜 그러냐!' 하면서 짬을 내서 술 한 잔 해보세요. 술도 더 맛있습니다. 혹시 자주 못 만난다고 여자 친구가 투정하면 이렇게 이야기하세요. '난 지금 우리의 미래를 위해 피나는 노력을 하는 거야. 나의 일에서 제대로 인정받아 너와 멋지게 살고 싶어.'라고 말하세요. 그래도 못 만난다고 헤어지자고 하면 다른 사람 만나세요. 꿈을 지지하고 배려하지 못하는 사람과 결혼하면 평생 힘듭니다. 그리고 친구 한 달 안 만나고 하루 안 만난다고 친구 사이가 소원해지나요? 그런 친구와는 평생 서로를 응원해주면서 같이 갈 수 없습니다. 지금 여러분에게 지금 제일 중요한 것은 자신의 중심에 일을 제일 우선순위로 두어야 한다는 사실입니다. 그래야 제대로 된 인생의 주인공이 될 수 있습니다. 감사합니다."

'우선순위에 따라 자신의 삶을 산다.'는 것은 시간투자를 결정하는 '마음의 저울'이 있는 것과 같다. 마음의 저울을 통하여 자신이 소중하고 중요하게 생각하는 일에 시간을 투자하게 되는 것이다. 마음의 저울은 사람의 가치관과 상황에 따라 달라질 수 있다. 총각과 유부

남, 신입사원과 선배사원, 사장과 직원이라는 역할과 책임의 차이에 따라 우선순위가 달라지며, '돈과 사람, 일과 사랑, 행복에 대한 가치관의 차이에 따라 우선순위가 변해야 한다.

올바른 우선순위를 가진 사람과 그렇지 않은 사람은 엄청난 차이를 만든다. 우선순위에 대한 올바른 기준을 가진 사람은 일과 삶의 방향이 명확한 사람이다. 이런 사람은 하루가 다르게 성장한다. 하지만 우선순위가 없으면 힘들다고 술을 먹고, 예상치 않은 약속을 잡고, 계획되지 않은 일을 하는 것이다. 이런 계획되지 않은 일은 자신의 에너지를 소진하는 뱀파이어이며, 주위의 사람들에게도 나쁜 영향을 주게 된다. 그렇기 때문에 직장생활을 즐기기 위해서는 우선순위를 정해서 일을 효율적으로 처리하는 것이 중요한 것이다.

우선순위는 일의 시급성과 중요성에 따라 결정된다. 시급하고 중요한 일 중 마감시한에 따라 일을 처리해야 하는 순서가 결정되는 것이다. 하지만 기존의 우선순위 설정방법은 누군가에 의해 일이 주어지고, 그 일을 처리하는 수동적인 성격이 강하다.

지금과 같이 빠르게 변화하는 경쟁사회에서 자신의 시간을 확보하고 자율적으로 자신의 일과 삶을 개척하기 위해서는 또 다른 방식으로 우선순위를 설정하는 것이 필요하다. 첫 번째는 '사전에 성과를 상상하고 계획하는 일'이며 두 번째는 일을 시작할 때 진전을 보임으로써 전체 프로젝트를 리딩하는 것이다. 결과에 대한 상상과 사전계획으로 시작부터 일에 몰입함으로써 계획한 것보다 앞선 진전을 보이게 되면 마음의 여유가 생긴다. 하지만 처음에 느긋하게 시작하고 나중에 일을 따라가려면 심적 부담이 생겨서 몇 배의 노력이 들게 되는 것이다.

일의 끝은 끝이 아니다. 습득된 성과도 시간이 지나면 관심과 집중력이 흐트러지고 다시 일을 시작하려면 몇 배의 시간이 걸린다. 그렇기 때문에 일의 성과를 마무리할 때 새로운 성과에 대한 미래계획을 포함시킴으로써 시간을 절약하는 선순환시스템을 만들어야 한다.

일의 우선순위를 정하는 것이 중요하지만 더 중요한 것은 '삶의 우선순위'를 정하는 것이다. 삶의 우선순위는 삶의 원칙과 신념이 있을 때만 가능하다. 삶의 신념을 통한 선택의 방향이 어디를 향하는지가 분명한 사람은 흔들림이 없다. 어떤 시련도 그 사람의 신념을 더욱 굳건히 하는 밑받침이 되기 때문이다.

삶을 변화시킨 책 중에서 폴마이어의 『성공 시크릿』이란 책을 살펴보면 다음과 같은 이야기가 나온다.

주인공 피터는 경기불황에 일자리를 잃고 부랑자 생활을 하게 된다. 하루에 밥 한 끼 먹기가 힘들어지고 심지어 구걸을 하게 되었다. 처음에는 냉정한 거절과 욕설에 분노와 수치심을 느꼈지만 날이 갈수록 그 감정들은 무뎌져 갔다. "배고파요, 도와주세요."라는 말이 그가 할 수 있는 유일한 말이 되었다. 길거리에서 우연히 랜돌프란 남자를 만나 "당신은 지금 누구의 보살핌이 필요한 게 아니라, 스스로 껍질을 벗기 위한 '그 무엇'이 필요한 거요."라는 말을 듣게 된다. 그리고 '그 무엇'을 고민하고 찾기 시작한다.

호기심 많은 '바비'라는 아이의 짐을 들어 주는 것을 스스로 선택하면서 그는 신념이라는 단어에 사로잡히는 과정을 시작한다. 고용되지 않은 작업장에 스스로 일하면서 두 시간의 급료를 받게 되고 '바비'라는 아이 집에서 하숙을 하게 된다. 오랜만의 따뜻한 식사에 그는 '나는 행복해 질 거야, 반드시 그렇게 될 거야.'를 생각하게 된다.

일을 시작한 지 열흘이 지나 배송담당 '디키'라는 사무원의 바쁜 모습을 보고, 그에게 스스로 다가가 일을 돕게 된다. 그리고 '가능한 모든 분야의 업무를 배울 거야.'라고 다짐한다. 피터는 디키와 함께 일을 하며 불합리한 업무방식을 개선한다. 새로운 업무방식에 대한 기획안을 만들게 되고 마침내 사장님에게 기획안을 설명할 기회를 얻게 된다. 그리고 다짐한다. '나는 내 안의 잠재력을 전부 꺼낼 때까지 결코 멈추지 않을 거야.'라고 다짐한다.

사장의 신임을 얻어 백화점 판매관리부 팀장을 맡게 되고, 최고의 백화점 만들기를 시작하게 된다. 피터는 바비의 집을 떠나면서 성공학을 연구하는 바비의 아버지 앤더슨 씨에게 자신이 '성공'에 대한 앤더슨 씨 연구의 '표본'이 될 것을 다짐한다. 이렇게 표본을 자처하며 2년이라는 시간 동안 자신을 끊임없이 성장시키고, 결국 자신에게 '그 무엇'을 이야기한 랜돌프란 사람을 다시 만나게 된다. 그리고 그 무엇에 대해 이렇게 이야기한다.

"'그 무엇'은 영혼의 엔진을 가동시키는 연료, 즉 내적 힘입니다. 그리고 제가 앤더슨 씨의 논문에 '표본이 되어야겠다.'고 말씀드렸지요? 그래서 저는 한 가지 규칙을 세웠습니다. '선택이 기로에 서게 되었을 때는 반드시 긍정적인 쪽으로 방향을 잡아라.'였습니다. 때로는 버리거나, 물러나는 것이 더 이로울 때가 있습니다. 하지만 저는 표본이기 때문에 선택의 여지가 없었습니다. 정해진 방향으로 가는 수밖에요. 때문에 장애가 생기면 돌파해야 했습니다. 그럴 때마다 '그무엇'은 길이 없을 것 같은 곳에 길을 만들어 주었습니다."

피터는 자신의 영혼의 엔진을 돌리고 표본이 되기 위해서 항상 '긍정적인 방향'을 선택했다. 선택의 우선순위가 긍정적인 방향이었던 것이다.

하버드 대학교에서 가장 인기 있는 강의는 성공한 기업가, 투자자, 정치가를 매주 강사로 초빙하여 강의를 진행하는 MIP(Management In Perspective)라는 강의다. 일 중독자이면서 성공을 경험한 강사진들은 이구동성으로 "일과 삶의 조화가 중요하다."고 말한다. 그들이 말하는 일과 삶이 조화를 위해 제일 중요한 것은 바로 자신의 시간을 어디에 투자하고 일과 삶의 우선순위를 어디에 두느냐를 결정하는 것이다.

일의 우선순위를 선택하지 않으면 삶의 우선순위는 모호해진다. 자신이 원하는 꿈을 이루고 성과를 내기 위해서는 우선순위를 정하고 행동해야 한다. '자신의 핵심성과를 위해 지금 순간 가장 가치 있고 중요한 일은 무엇인가?'라는 질문을 스스로에게 던짐으로써 자신이 나아갈 방향을 정할 수 있다. 그리고 자신이 선택한 행동의 방향이 '긍정적인 미래'를 향해야 한다. 미래는 자신의 우선순위가 습관이 되어 긍정적인 방향을 향할 때만이 진정한 빛으로 돌아온다.

"지금 당신의 우선순위는 어디를 향하는가?"

03 골든타임을
사수하라

골든타임은 시청률이 가장 높고, 광고비가 가장 비싼 방송시간대를 말한다. 미국에서는 미식축구 결승전인 슈퍼볼 TV중계를 할 때 세계의 기업들은 서로 광고를 내기 위해 어마어마한 금액을 지불한다. 2016년의 경우 30초당 광고비가 약 53억 원을 기록 했으며, 2017년의 경우 65억 원에 이를 것으로 전망된다. 몇 초의 슈퍼볼 광고를 위해 기업들이 엄청난 금액을 지불하는 이유는 따로 있다. 그것은 바로 기업과 제품을 알리는 최고의 골든타임이며 최고의 마케팅 효과를 기대할 수 있기 때문이다.

스티브 잡스는 매킨토시 발매를 앞두고 최고의 제품에 어울리는 홍보 전략을 추진했다. 그 중 하나는 미국 전역이 열광하는 프로 미식축구의 결승전인 슈퍼볼의 TV 중계 때 광고를 하는 것이었다. 그런데 광고시사회를 본 이사들의 평가는 처참했다. 하지만 워즈니악은 "이런 멋진 광고를 반대하다니……. 밀어붙여!"라고 했고, 이에 힘을 얻은 잡스는 이사회의 결정을 무시하고 강행했다. 그 결과 애플과 매킨토시의 이름은 하룻밤 사이에 미국 전역에 알려지게 되었다.

직장생활에서도 골든타임이 존재한다. 특히 일에서 좋은 성과와 평판을 얻어 즐겁게 일하는 사람들의 경우 골든타임을 사용하는 귀재인 경우가 많다. 그들은 자신의 시간에 골든타임이라는 의미를 부여한다. 시간의 소중함을 잠재의식에 각인시켜 쉽게 몰입하는 습관을 가지고 있는 것이다. 그러면 즐기면서 일하는 사람들의 7가지 골든타임에 대해 알아보자.

첫째, '성과를 위한 골든타임'이다. 일에서 성과를 내기 위해서는 본질을 찾아 핵심을 뽑아내고 그 핵심을 집중해서 실행해야 한다. 새로운 일을 만났을 때는 '무엇이 중요하고 가치 있는 일인가?'를 물어야 한다. 관점, 공간, 시간을 확장하여 일을 뒤집어가며 핵심을 찾아야 하는 것이다. 핵심을 찾았다면 마감시한, 세부 성과목표를 포함한 실행계획을 세워야 한다. 이런 일련의 과정이 '사전계획'이며 성과를 결정짓는 골든타임인 것이다.

대부분의 성과는 사전계획단계에서 결정된다. 하지만 계획이 불분명하면 이정표 없이 암흑을 걷는 것과 같다. 일을 하는 과정에서 문제가 발생될 때 이정표 없이 닥치는 대로 일을 처리하여 몇 배의 노력이 들게 되고 결국 지쳐 버리게 된다. 이런 이유로 사전계획단계에서 철저한 분석을 통해 예상성과를 상상해야 한다. 예상된 성과가 단계별로 가시화 되면 자신의 일에서 즐거움과 보람을 느끼고 포기하지 않는 자신과 마주하게 되는 것이다.

둘째, '문제해결을 위한 골든타임'이다. 미국의 유명한 물류회사 페덱스(Fedex)에는 1:10:100의 원칙이 있다. 생산단계에서 품질이상을 발견하여 즉시 처리하면 1의 비용이 들고, 회사를 떠난 상태에서 발견되어 이를 고치면 10이 들고, 고객의 손에 당도한 후에 클레임이 발생하면 100의 비용이 든다는 말이다. 미리 '1의 비용'을 들여서 '미래의 100의 비용'을 절감한다면 재무적인 측면뿐만 아니라 회사의 브랜드 이미지 등 다양한 부분에서 우위를 점할 수 있다. 또한 개인적인 측면에서는 문제를 발견하면 즉시 처리하고, 사후조치를 취함으로써 추진력과 문제에 대한 뛰어난 대응력을 인정받게 된다. 직장에서 문제해결 능력은 곧 그 사람의 핵심능력이 되고 큰 성장을 위한 디딤돌로 작용한다는 점을 잊지 말아야 한다.

셋째 '회의와 보고의 골든타임'이다. 회의와 보고의 골든타임은 준비된 회의록과 사전 성과 계획이다. 나의 경우 회의 전에 사전 회의록을 작성해 간다. 회의에서 제일 많이 고민한 사람은 회의의 주재자다. 주재자의 방향이 불분명하면 제대로 된 해결안 도출, 업무분장, 결과의 수준을 설정하기 힘들다. 이런 이유로 전체적인 방향을 주재자가 사전에 정리해야 한다. 하지만 사전 회의록보다 참석자의 의견이 더 중요하다는 것을 잊지 말아야 한다.

또한 보고의 골든타임은 '1장의 사전 성과계획'이다. 1장의 보고

서에 모든 것을 담기 위해서는 상당히 많은 생각을 요구한다. 하지만 한눈에 모든 것을 파악할 수 있기 때문에 보고를 받는 사람은 대부분 1장의 요약을 좋아한다. 또한 1장을 만들기 위해 필요한 노력을 윗사람도 알고 있다. 이런 한 장 한 장의 요약이 모이면 팀 전체의 업무방향이 되기도 하지만 자신의 능력을 비약적으로 상승시키는 계단이 된다는 것을 명심해야 할 것이다.

넷째, '좋은 관계를 위한 골든타임'이다. 아이들의 성장을 위한 골든타임은 아이들이 궁금해 할 때 같이 이야기하면서 스스로 해답의 주인으로 만들어주는 것이다. 인간관계에서의 골든타임 또한 그 사람이 궁금해 하고 도움을 청할 때이다. 도움을 청할 때 같이 고민해 주고 제대로 그 사람이 성장할 수 있도록 도와주는 것이 좋은 관계를 위한 골든타임인 것이다.

조직은 한 사람의 힘으로 끌어가는 것이 아닌 협력이 필요하다. 동료에게 적절한 부탁을 하고 도움에 대한 진심을 담은 감사를 표현하여 성숙한 관계를 유지하는 기브 앤드 테이크(GIVE&TAKE)가 필요한 것이다. 상호교류를 통해 서로의 장단점을 파악하고 윈윈 할 수 있는 관계로 발전해야 하는 것이다. 더불어 가끔은 비공식적인 일대일 대화도 필요하다. 여러 사람이 아닌 일대일로 커피한잔을 하고, 밥을 먹을 때 서로를 더 깊이 이해하는 계기가 되기 때문이다.

다섯째, '자기계발을 위한 골든타임'이다. 하루의 많은 일을 하면서 어떤 사람은 배움의 기회를 흘려보내지만 어떤 사람은 길거리의 풀에서도 배움을 찾는다. 나의 경우 새벽 2시간과 아침 일과 전 30분을 책을 읽고, 책을 쓰는데 사용한다. 새벽과 아침은 오직 나만을 위해 미래의 가치를 만드는 시간이다. 회식보다 새벽시간을 지키는 이유는 미래의 나에 대한 절실함이 크기 때문이다.

뿐만 아니라 나에게 일을 하는 모든 시간은 배우면서 성장하는 골든타임이다. 회의할 때나 마우스가 멈춰있는 시간도 '오늘'을 구성하는 소중한 시간이다. 그래서 틈만 나면 새로운 관점에서 문제를 바라보고 해결책을 찾으려고 의식적으로 노력하는 것이다.

여섯째, '몰입과 여유를 위한 골든타임'이다. 몰입의 사전적 의미는 '무엇인가에 흠뻑 빠져 심취해있는 무아지경의 상태'를 말한다. 몰입은 주변의 모든 잡념, 방해물을 차단하고 자신이 원하는 한 곳에 모든 정신을 집중하여 원하는 결과물을 얻게 하는 최고의 방법이다. 나의 경우 아침 일과 전 1시간과 일과 시작 후 3시간이 몰입을 위한 시간이다. 일과 전 1시간 동안 책 읽기를 통해 마음을 깨끗이 하며, 오늘 하루에 해야 할 일을 계획하고 상상함으로써 막힘없이 성장하는 하루를 열어간다.

또한 주중의 월요일을 몰입일로 정한다. 일주일의 시작인 월요일에 일을 진전시킴으로써 마음의 여유를 가지고 일주일을 보낼 수 있는 것이다. 이렇게 월요일을 더 알차게 보내는 것이 직장인에게 흔히 있는 '월요병'을 말끔히 날려버리는 나만의 비법이기도 하다.

가끔은 주말에 출근을 한다. 일이 많아져서 정신없어질 때나 프로젝트의 큰 줄기를 잡기 위해서는 주말이라는 시간은 내게 더 없이 소중하다. 자신의 균형 있는 일처리를 위하여 자신의 페이스보다 많은 일을 주말을 통해 처리함으로써 더 효율적으로 시간을 관리하고 몰입하는 것이다.

몰입이 있으면 휴식을 위한 여유는 당연히 필요하다. 몰입한 이후에 여유 있는 시간을 가짐으로써 생각을 정리하고, 새로운 시각으로 일을 볼 수 있는 것이다. 혼자만의 점심과 저녁, 몰입한 이후의 명언 산책, 출퇴근 시의 독서는 생각의 여유를 위한 나만의 시간이다. 일주일에 두 번 공원을 뛰며 땀을 흘린 후에 조용한 발걸음은 자신을 깊이 돌아보는 또 다른 여유를 선사해 준다. 이런 여유가 있기에 자신이 지속적인 성장할 수 있음을 나는 절대 잊지 않는다.

일곱째, '행복한 직장생활을 위한 골든타임'이다. 일을 하는 근본 목적은 자신의 일에서 행복을 느끼고, 가정과 사회에서도 행복해지는 것이다. 어떻게 보면 우리는 자신이 생각한 것을 이루었을 때 가장 행복함을 느낀다. 이런 이유로 자신이 생각할 수 있는 시간과 공간을 확보하는 것이 우선되어야 한다.

나의 경우는 30분 단위로 일일계획을 정리해 놓았다. 30분 단위의 스케줄을 만들게 되면 자신이 시간을 어떻게 사용하고 있는지를 낱낱이 알 수 있게 된다. 또한 여유 있는 시간과 몰입 할 수 있는 업무 시간을 정할 수 있는 것이다.

나는 새벽시간, 출근 후 일과 전까지 3시간 책을 읽고, 읽은 내용을 A4 용지 1장에 요약하며 자신의 생각을 정리한다. 책을 읽으면서도 업무와 연관된 방법들이 나오면 즉시 실행에 옮긴다. 일과 중에는 작은 수첩을 가지고 이동 중이나 회의 때 풀리지 않는 문제를 생각하고, 좋은 해결안이 떠오르면 즉시 메모해 놓는다. 또한 감동적이고 교훈이 되는 이야기나 문구가 있으면 메모를 해서 자신의 업무방식이나, 태도를 점검한다.

점심과 저녁식사를 할 때는 혼잡한 틈을 피해 '혼밥'도 즐긴다. 혼자 밥을 먹으면 1시간 정도의 시간을 확보할 수 있다. 밥을 먹으면서도 생각의 끈을 놓지 않고 여유 있게 밥을 먹을 수 있다. 또한 자신에게도 휴식을 주고 충만함을 느낄 수 있는 시간을 가져야 한다. 충만함은 소소한 행복을 느끼게 하고 일의 몰입도를 증대시켜 준다. 나 또한 나만의 시간과 공간을 확보하여 몰입과 여유를 실천하고 충만함을 느끼며 행복한 직장생활을 하고 있다. 몰입과 여유의 균형이 행복한 직장생활의 가장 기본이 되는 비법인 것이다.

앞에서 우리는 즐기면서 일하는 사람들의 골든타임 사용법에 대해 살펴보았다. 성과, 문제해결, 회의와 보고를 위한 골든타임은 일의 방법에 관한 것이며, 좋은 관계를 위한 골든타임은 고객을 포함한 직장에서의 관계를 말한다. 또한 자기계발, 몰입과 여유, 행복한 직장생활을 위한 골든타임은 자신을 성장시키고 의미를 부여하는 영역을 담당한다. 이 세 영역이 어우러져 진정한 일의 주인으로 성장하게 된다.

아이들은 학교에서 행복해야 배움의 주인이 되듯 직장인들도 회사에서 행복해야 진정한 일의 주인이 되는 것이다. 일을 즐기지 못하면 회사라는 기회의 공간에서 황금보다 소중한 시간은 그냥 흘러만 간다. 골든타임을 지배하는 습관만이 흘러가는 시간을 행복으로 바꾼다는 것을 기억해야 한다.

누구나 시간의 소중함을 알고 있다. 하지만 자신의 시간에 의미를 부여하고 생명을 불어넣는 사람은 얼마나 될까? 골든타임은 바로 시간에 의미를 부여하고, 생명을 불어넣는 것이다. 가끔씩 나는 '삶의 황금알을 낳는 거위는 뭘까?'를 고민한다. 이제는 어렴풋이 '골든타임을 사용하는 습관'이 황금알을 낳는 거위가 아닐까라는 생각이 든다. 당신은 어떤가? 자신의 골든타임에 생명을 불어넣어 황금알의 낳는 거위의 주인이 되어 보는 것은 어떨까?

04 '성과'를 내는
습관을 가져라

우리는 누구나 빛나는 미래의 주인공을 꿈꾼다. 미래의 꿈을 이루기 위해서 계획을 세우고, 희망을 품고 한 계단 한 계단 올라간다. 인생이라는 계단을 하나씩 올라가서 원하는 꿈을 이루듯이 회사에서도 성과라는 미래의 결과물을 얻기 위해 한 계단 한 계단씩 올라가게 된다. 진정한 꿈을 실현하고 성과를 얻기 위해서는 계단을 만들고 계단을 올라가는 힘이 필요하다. 그 힘이 바로 습관이다.

존 폴 게티는 "회사에서 정상에 오르고 싶은 사람은 습관의 힘을 바르게 평가하고, 실천이 습관을 만든다는 사실을 이해해야 한다. 자신을 망치는 습관을 버리고 성공을 돕는 새 습관을 빨리 익혀야 한다."고 말한다. 불평과 불만과 같이 성공을 저해하는 습관을 버리고 지속적인 성과를 만드는 올바른 습관을 채움으로써 자신이 원하는 정상에 오를 수 있다고 이야기한다. 자신의 운명을 바꾸고 미래를 바꾸는 힘이 '습관'에 있음을 뜻하는 것이다.

나에게는 세 보물을 선물해준 사랑스러운 아내가 있다. 아내와 십년을 넘게 살면서 아내는 나에게 '인생을 바꾼 두 가지 질문'을 던졌다. 첫 번째는 "자기야, 우리 가족의 미래는 어떻게 될까?"였고, 두 번째는 "우리 이민 가서 살면 안 돼? 난 이렇게 우리 아이들을 키우고 싶지 않아."였다. 아내는 아이들의 꿈을 위해 진정한 사랑과 열정으로 아이들을 미래를 열어주고 싶어 했다. 하지만 획일적인 교육현실에서 아이들은 각박하게 시간을 보내야 했고, 그런 현실에서 자신이 아이들의 꿈을 위한 교육보다 현실을 쫓아가기 위해 채찍질하게 될 것을 무서워했다. 회사에서 열심히 일해서 인정도 받았고, 사장이 되겠다는 꿈으로 나름 최선을 다하고 있었다. 아이들이 어려서부터 정말 제대로 된 육아를 위해 퇴근 이후와 일을 하지 않은 날이면 쉴 틈 없이 아이들과 여행을 다니고 책을 읽어줬다. 하지만 아내가 던진 두 가지 질문은 내가 아내와 같이 살아온 7년과 내 인생의 길을 다시 돌아보게 한 것이다.

우리 가족과 나의 미래, 아이들의 육아를 위한 답을 얻기 위해 내가 선택한 것은 '책'이었다. 2010년에 시작된 생존독서는 2014년에 더욱 치열해졌다. 내가 살아가는 의미와 꿈을 더욱더 선명하게 그려나갔고, 지금까지 가졌던 나의 습관을 되돌아보게 했다. 이 과정에서 피터 드러커의 〈5가지 중요한 질문〉은 내 인생의 커다란 방향을 제시하게 만들었다.

질문1) 나의 사명은 무엇인가?

질문2) 우리의 고객은 누구인가?

질문3) 고객이 무엇을 가치 있게 여기는가?

질문4) 어떤 결과를 기대하는가?

질문5) 당신의 계획은 무엇인가?

피터 드러커의 5가지 중요한 질문은 나에게 인생기준이 되었다. 사명 -〉 고객 -〉 가치 -〉 기대 -〉 계획의 순서로 사고를 확장하여 자신의 인생을 체계적으로 생각하고 계획하는 계기가 되었다. 첫 번째 질문으로 사명인식을 통하여 자신의 존재이유와, 가치관을 설정할 수 있었으며, 두 번째 질문에서는 자신과 주변의 관계에서 가치를 공유하여 긍정적인 에너지를 주는 관계로 자신의 환경을 만들 수 있어야 한다는 것을 깨닫게 했다. 세 번째와 네 번째 질문에서는 자신과 고객이 서로 무엇을 가치 있게 생각하며, 서로에게는 무엇을 바라는지를 인지함으로써 어떻게 행동해야 하는지를 일깨워 주었다. 마지막으로 이런 자신의 사명과 역할에서 수행해야 할 미션을 설정하고, 설정된 미션의 세부적인 계획을 통해 단기, 중기, 장기적인 실천방안을 수립하게 되었다.

하지만 여기서 끝낼 순 없었다. 나의 인생에 커다란 기둥을 세우고 싶었다. 후회하지 않는 나의 인생과 우리 가족 그리고 아이들의 미래를 위해서 '나를 물러설 수 없게 만드는 그 무엇'을 만들고 싶었다. 그것이 바로 '습관'이었다. 인생의 질문과 고민을 통한 깨달음으로 행복한 인생과 꿈을 기필코 성취하고 싶었다. 그래서 나만의 '0-base 7 habits(제로 베이스 7 습관)'이라는 습관의 기둥을 세우게 되었다.

0-base 7 habits(제로 베이스 7 습관)은 습관의 뿌리와 기둥이다. 이 습관의 뿌리와 기둥은 자신의 진정한 꿈을 향한 버팀목이요 방향이며 때로는 용기가 된다. 0-base 7 habits(제로 베이스 7 습관)은 나의 인생의 모든 곳에서 영향을 끼쳤다.

회사에서 성과를 내는 사람들을 보면 자신만의 일하는 습관을 가지고 생활한다. 규칙적인 운동으로 최적의 상태로 일을 하며, 일에 대해서는 철저한 준비와 다양한 관점을 통해 최고의 결과를 도출해 낸다. 또한 긍정적인 관점으로 기회를 보며, 서로서로가 같이 성장해 간다. 나의 경우 0-base 7 habits(제로 베이스 7 습관)이라는 습관을 통하여 지속적으로 성과를 창출하고, 끊임없이 성장하는 과정을 겪고 있다. 잠시 그 의미를 살펴보자.

0-base(제로 베이스), 시간과 환경을 관리하여 건강한 의식을 유지하라. 나는 건강과 올바른 의식을 유지하는 일에 우선순위를 부여한다. 자신의 소중한 시간을 건강과 의식의 성장에 투자하여 성과를 만들기 위한 최고의 환경을 만들어야 한다. 각종 회식이나 술자리는 성과를 위한 양념이지 메인 메뉴가 되어서는 안 된다. 바꾸어 말하면 '다

시 오지 않는 오늘이 미래를 좌우한다.'는 것을 깨달아 자신의 시간과 환경을 미래의 성과를 위해 투자해야 한다는 뜻이다.

습관 1), 내 인생의 10xPlan(큰 그림)을 세워라. 일과 마주하게 되면 그 일을 통해 회사에 어떤 영향을 미치고, 자신이 얼마나 성장할 수 있는가를 그려봐야 한다. 미래는 주어지는 것이 아니라 세세한 계획을 이루어 만들어가듯이, 미래의 성과도 10배의 계획을 세움으로써 더 큰 성과로 보답한다는 것이다.

습관 2), 자신만의 학습시스템으로 의식을 가속화하라. 자신만의 학습시스템이 있는 사람은 계속 발전한다. 하지만 발전의 계단을 한 계단 한 계단 오르는 것이 아니라 어떨 때는 몇 계단을 한 번에 뛰어 오르는 기회가 찾아온다. 이런 기회는 의식이 준비된 자만이 쟁취할 수 있다.

습관 3), 매듭과 마중물로 일의 성취를 가속화하라. 일의 성과를 좌우하는 것은 제대로 된 마무리로 평가받는다. 하지만 성과는 일회성이 아닌 지속적으로 창출되어야 한다. 운동에서 워밍업이 중요하듯이 지속적인 성과를 위해서는 마중물이 필요하다. 마중물은 펌프질을 해서 물을 퍼 올릴 때 먼저 부어주는 물을 말한다. 일에서 성과를 낸 이후에 자신이 이룬 성취로 또 다른 성과를 만드는 일을 자율적으로 생각하고 시작함으로써 앞선 진전을 이루어 나가는 것이다.

습관 4), 관점전환을 통한 기회포착 능력을 강화하라. 어떤 일이든지 기회는 숨어있다. 도전에서의 실패는 경험하지 못한 성과와 미래를 위해서는 기회가 된다. 하지만 성공에 도취된 나머지 성공을 이룬 핵심을 파악하지 못하면 다음의 기회는 멀어진다. 지속적인 성과를 위해서는 앞선 성과를 통해 미래의 성과를 제대로 보는 관점만이 또 다른 기회를 끌어당긴다는 것을 명심해야 한다.

습관 5), 초긍정 메시지로 지속적인 동기부여를 하라. 자신을 긍정하지 않으면 미래는 오지 않는다. 또한 미래의 성과를 긍정하지 않으면 미래는 오지 않는 것이다. 너무 낙관적인 것은 위험할 수 있지만 미래에 대한 긍정적 희망만이 지속적인 동기부여를 한다는 것은 변함없는 진실이다.

습관 6), 의식을 몸에 새겨 끝까지 완주하라. 1만 시간, 10년 법칙을 아는가? 어떤 분야에 1만 시간 동안 신념을 가지고 끊임없이 성장하다보면 누구든지 자신의 분야에서 탁월한 성취를 이룰 수 있다는 것이다. '1만 시간'이란 기간이 탁월한 성취를 위한 의식이 몸속에 자연스럽게 배여서 변하지 않는 습관이 되는데 걸리는 시간을 말한다. 이런 시간을 견뎌낸 사람은 역경이 닥쳐오면 자신의 몸이 먼저 반응을 하고, 역경 속에서 새로운 기회를 보는 습관의 주인으로 자신의 꿈을 끝까지 이루어내는 것이다.

습관 7), 역지사지로 승승(원윈)을 실천하라. 누구나 혼자 살 수 없듯이 진정한 성취는 혼자 이루는 것이 아니다. 서로서로가 같이 성장할 때만이 위대한 성과를 만들 수 있는 것이다. '최후에 웃는 자가 승자다.'라는 말보다 더 중요한 것은 '마지막에 함께 웃는 자가 위대한 승자다.'라는 것을 기억해야 한다.

"당신이 생각하고 느끼며 행동하고 성취하는 95프로는 습관의 결과다."라는 말은 심리학과 성공학에서 가장 중요한 발견이라고 알려진 문장이다. 자신의 인생을 바꾸기 위해 습관이 힘이 중요하듯 회사에서 성과라는 열매를 따기 위해서 우리는 우리 자신을 돌아봐야 한다. 회사와 자신이 추구하는 성과의 방향을 일치시키며 자신이 끊임없이 성장하고 있는가를 살펴야 하는 것이다.

좋은 습관 하나를 채우고 나쁜 습관 하나를 버리다 보면 인생을 바꾸는 성과의 임계점을 넘어서게 된다. 이제는 좋은 습관과 함께 빛나는 인생으로 건너가야 할 때라는 사실을 기억해야 하지 않을까.

05 생각하고 집중하고
몰입하라

어느 인디언 부족의 추장을 뽑는 날이었다. 여러 명의 후보들이 탈락하여 마지막 3명의 최종 후보만이 마지막 테스트에 도전하게 되었다. 추장은 세 사람에게 높은 산에 올라갔다 오라고 했다. 세 사람은 하루가 걸려서야 산 정상에 올라갔다가 돌아왔다.

첫 번째 후보는 산에 올라갔다 온 증거를 갖고 왔다.
두 번째 후보는 풀을 뽑아 왔다.
세 번째 후보는 맨 손으로 달려왔다.
추장이 "왜 맨 손으로 왔느냐?"라고 묻자, 그는 이렇게 말했다.

"추장님! 우리 부족은 빨리 저 산 너머 동네로 이주를 해야 합니다. 산 정상에서 살펴보니, 거기엔 넓은 농토도 있고, 강도 있고, 여기보다 훨씬 살기가 좋습니다."

"이 일화에서 당신은 누가 추장이 되어야 한다고 생각하는가? 왜 그 사람이 추장이 되어야 한다고 생각하는가?" 아마 대부분의 사람들이 세 번째 사람이 추장이 되어야 한다고 생각할 것이다. 세 번째 사람은 단지 추장을 뽑는 경연의 승패에 생각이 머문 것이 아니라 추장이 해야 할 일을 전체적으로 바라보고 있었던 것이다. 또한 자신이 추장이 되었을 때를 자신이 가져야 할 '생각의 틀'을 자신의 머릿속에 항상 가지고 있었다. 이러한 생각을 통하여 그가 정상에 도달했을 때 정상에 도착한 기쁨과 증표보다는 부족을 위해 더 먼 곳을 바라볼 수 있었던 것이다. 세 번째 사람은 경쟁이라는 상황 속에서 부족의 미래를 생각할 수 있었기 때문에 추장이 된 것이다.

어떤 일과 문제를 해결하는 생각의 틀을 가지고 있다는 것은 통찰력을 가지고 있다는 것과 일맥상통한다. 통찰력의 사전적 의미는 '사물이나 현상을 통찰하는 능력'을 말한다. 이런 통찰력을 통하여 문제를 해결하는 방법을 보면 첫째 문제에 대한 올바른 정의하기, 둘째 문제의 원인 분석하기, 셋째 문제의 해결안 찾기, 넷째 몰입해서 실행하기, 다섯째 개선효과의 확인 및 관리로 나누어진다. 즉 생각을 통해 본질을 뽑아내고, 본질에 집중하여 해법을 찾아내며, 해법에 몰입하여 실행함으로써 문제를 해결하는 것이다.

문제해결과 성과를 위해 꼭 필요한 통찰력은 어떻게 생겨나게 되는 것일까? 통찰력을 얻기 위해서는 일과 문제를 해결하는 과정에서 생각하고, 집중하며, 몰입하는 과정이 필요하다. 이런 과정 속에서 만들 생각의 틀을 만들고, 생각의 틀을 깨는 과정을 수없이 반복함으로써 비로소 자신만의 생각의 틀인 통찰력이 생기는 것이다.

나에게는 결혼 9년차 때 선물 받은 늦둥이 막내딸이 있다. 늦둥이 딸은 '나비야! 나비야!'라는 노래를 제일 좋아한다. 늦둥이 딸이 나비를 좋아하다 보니 나비의 한살이를 찾아본 적이 있다.

봄여름에 낳은 나비의 알은 가을이 되면 애벌레가 된다. 애벌레는 몇 차례의 허물을 벗고 번데기가 되고 겨울을 나기 위해 성장을 멈춘다. 봄이 되면 번데기의 껍질에 색깔이 생기고, 번데기 속의 무늬가 뚜렷해지면서, 드디어 허물을 벗고 나비가 탄생한다. 나비의 한살이 중에서 내가 제일 눈여겨보는 것은 번데기에서 나비로 '탈바꿈'하는 과정이다. 번데기의 껍질을 깨고 나오기 위해 끊임없이 껍질 안에서 몸을 움직이며 껍질을 깨고 나온다. 하지만 누군가 애처로워 껍질을 깨주거나 이 껍질을 깨는 과정 중에 땅에 떨어지면 나비는 더 이상 날지 못한다. 스스로 자신의 껍질을 깨고 나올 때만이 비로소 날개를 펼칠 수 있는 것이다.

직장에서도 신입사원에서 사장에 이르기까지 변화하는 세상에 발맞추기 위해 성장에 성장을 거듭한다. 이런 성장과정에서 날개를 펼치느냐 펼치지 못하느냐는 자신의 껍질을 스스로 깰 수 있느냐에 따라 달라진다. 자신의 껍질을 깰 수 있다는 것은 습관을 바꾸는 것이다. 그러면 우리는 무엇을 해야 습관을 바꿀 수 있을까? 그것은 바로 생각의 틀을 바꿔야 한다.

익숙하지 않은 것들이 빠르게 익숙하게 되고, 생각과 기술의 변화 속도가 같아지는 세상으로 우리는 달려가고 있다. 이런 세상에서 우리가 선택할 수 있는 가장 강력한 무기는 우리의 생각이다. 생각의 방향을 어디에 집중하고 몰입하는가에 따라 자신의 현재를 바꾸고 미래를 바꾸는 힘을 가지게 되는 것이다.

최근 산업계에서 제일 화두는 '4차 산업혁명'이다. 농경사회, 산업 사회, 정보화 사회를 거쳐 4차 산업사회로 나아가고 있다. 4차 산업 혁명을 정의하기에는 아직 이르지만 산업혁명 때마다 생각의 틀이 바뀌었듯이 4차 산업혁명도 생각의 틀을 바꾸는 과정이다. 정보의 생성이 중심이 되는 정보화 사회에서 정보를 사용하는 사람들이 보다 더 많은 시간을 사용하고, 인간 본연의 모습으로 가까이 갈 수 있 도록 생각의 프레임을 바꾸고 있는 것이다. 그래서 4차 산업 혁명을 '제2의 지식정보화 혁명', '생각의 혁명'이라고 이야기한다.

스티브 잡스는 "테크놀로지만으로는 충분하지 못합니다. 테크놀로지는 인문학과 함께할 때야 비로소 우리의 마음을 움직일 수 있다."고 말했다. 기술에는 한계가 있다. 인간도 진화하고 기술도 진화 하지만 끝에는 영혼을 가진 사람이 있다. 영혼을 가진 사람의 생각과 마음에 더 가까이 가기 위해 인간의 욕구와 기술의 격차를 해결하는 것이 바로 4차 산업혁명의 방향이다. 그리고 누가 '생각의 틀'을 창조하느냐에 따라 주인공이 결정될 것이다.

'생각의 틀을 창조한다.'는 것은 어떤 현상과 사물에 대한 여러 사람의 생각들이 모여서 새로운 방식의 사고와 습관이 만들어진다는 것을 말한다. 다시 말해서 당연하지 않던 것이 당연한 것이 되면 생각의 틀은 만들어 진다. 주위에서 흔히 볼 수 있는 스마트폰이 그 예다. 영상통화를 하고, 스마트폰으로 업무를 하고, SNS에 자신의 스토리를 만드는 것들이 수년 전만해도 당연하지 않았던 일들이었다. 하지만 스마트폰을 통하여 생각의 틀이 바뀌면서 당연한 습관과 생활로 자리 잡게 된 것이다.

일을 즐기는 사람들은 생각을 다루는 자신만의 습관을 가지고 있다. 그들은 생각하고 집중하며, 몰입하는 프로다. 생각의 틀을 통해 성과와 문제에 집중하며 성과에 몰입하는 자신만의 방법을 가지고 있는 것이다. 또한 일에 대한 긍정적인 생각과 전체적인 관점을 통하여 미래지향적 생각을 습관으로 만들어 버린다. 스스로 생각의 틀을 세우고 몰입하는 습관은 자신의 일을 즐기게 만들며, 성과와 인정이라는 또 다른 선물을 끌어들인다.

나폴레옹 힐은 "황금은 땅 속에서보다 인간의 생각 속에서 더 많이 채굴되었다."라고 말한다. 생각이 바로 황금을 쏟아내는 보고인 것이다. 황금을 품은 생각은 결코 비난, 부정, 나태함이 들어있지 않다. 이런 생각으로는 절대 일을 즐길 수 없다. 일을 즐기지 못하면 성공은 멀어져만 간다.

성공한 사람들은 일을 즐기며 성과를 만들고 황금보다 소중한 자신의 시간에 의미를 부여한다. 일에서 대가를 바라는 것이 아니라 자신만의 고유한 생각의 힘을 기르는 것이다. 그러면 어떻게 일을 통해 생각의 힘을 기를 수 있을까?

나는 과감히 "자신이 겪고 있는 삶의 순간순간에 집중하고, 몰입하라."고 말하고 싶다. 그리고 순간순간 닥쳐오는 많은 문제에 끊임없이 질문해야 한다. 나 또한 삶의 역경과 풀리지 않은 문제가 발생했을 때 책을 통해 다른 관점으로 세상을 바라보았다. 책 속의 새롭고 다양한 시각은 현재에 집중하고 몰입하여 끝까지 해답을 찾는 과정을 지지해주었다. 힘든 순간에 불평불만을 선택하기보다 좋은 습관의 주인공이 되도록 나를 이끌었던 것이다.

나는 책을 통한 생각의 변화를 지금도 겪고 있고 그 변화 속에는 항상 일이 있었다. 일을 통한 생각의 변화는 더 빠른 속도로 내 삶을 변화시켰다. 일속에서의 생각과 습관의 변화는 실천을 통한 검증의 무대였고, 더 빠르게 나를 성장시켰다. 그런 변화의 순간을 통해 나는 '일은 생각을 변화시켜 습관을 기를 수 있는 최고의 무대다. 나는 일을 즐기는 주인공이 되어야 한다.'는 깨달음을 얻었던 것이다.

일은 우리 인생에서 대단히 중요한 부분이다. 그 일속에는 많은 문제들이 존재하며 문제를 해결하는 과정 속에서 우리는 생각에 생각을 거듭하며 성장해 나간다. 이런 성장 속에서 행복을 찾고 일을 즐기기 위해서는 일과 문제를 어떻게 인식하느냐가 중요하다.

어떤 일과 현상이 생기면 우리는 반응을 한다. 호기심, 신기함, 새로움, 불편함을 통하여 우리는 반응을 하게 되는 것이다. 이런 반응은 우리에게 '왜 이렇지? 와! 신기하다. 어떻게 했을까? 왜 이렇게 불편해? 왜 이렇게 답답하지?'라는 의문을 가지고 머릿속에서 질문을 던진다. 반응이 없으면 질문도 없다. 이런 반응과 질문을 통하여 생각을 하게 되고 문제를 인식하게 된다.

문제를 인식하는 것이 먼저고, 문제를 해결할지 말지를 선택하는 것은 그 다음이다. 만약 문제를 해결하려고 생각했다면 우리는 복잡한 문제를 단순화시켜야 한다. 문제를 단순화시킴으로써 문제의 본질을 찾아서 핵심을 뽑아내는데 집중해야 하는 것이다. 뽑아낸 문제의 핵심에 몰입하여 문제를 해결하게 되고 차츰차츰 성장해가는 자신을 느끼게 된다. 이런 하나하나의 성장 경험이 모여서 순간순간 일어나는 일과 문제에 집중하고 몰입하는 습관을 만들며, 일과 삶을 즐기는 주인공으로 자신을 변화시키는 것이다.

인간이 최고의 행복을 느낄 때는 자신이 진정으로 원하는 일에 몰입하여 성취를 맛보았을 때다. 대부분의 사람은 자신이 진정으로 원하는 일이 무엇인지도 모르면서 살아간다. 꽉 짜인 일상 속에서 생각할 틈을 잃어버렸기 때문이다.

이제는 자신의 삶에 질문을 해야 한다. '내가 왜 이렇게 바쁘게 일하지? 나는 이 일을 통해 무엇을 성취하려 하는가? 내 삶의 최고의 의미는 무엇인가?'라는 질문을 던져야 한다. 그리고 자신의 행복을 위한 '진정한 의미'에 몰입해야 하는 것이다.

고대 그리스의 한 여행가가 있었다. 그는 길을 가는 중에 만난 한 노인에게 올림퍼스 산에 오르는 방법을 물었다. 뒤에 소크라테스로 밝혀진 그 노인이 대답했다.

"정말로 올림퍼스 산에 오르고 싶다면 모든 발걸음이 거기를 향해 있도록 하라."

06 즐기며 일하는
셀프 CEO가 되라

"아이고 성 사자앙~"

"아이고 김 사자앙~"

"반갑구먼! 반갑구먼!"

2016년에 tvN에서 방영된 〈응답하라 1988〉을 보면 "아이고 성 사장!", "아이고 김 사장!", "반갑구먼! 반갑구먼!"이라는 멘트가 자주 나온다. 주인공 성덕선(이혜리)과 옆집 아저씨 김성균이 만날 때 서로 손을 치켜들고 코믹한 표정으로 서로를 "성 사장", "김 사장"이라 부르며 악수를 하고, 앉았다 일어났나를 반복하며 "반갑구먼! 반갑구먼!"을 외쳐댄다. 처음에는 그냥 우습기만 한 장면이 지금은 서로가 서로를 최고로 존대하는 사장으로 부르면서 즐겁게 지내는 모습이 기억에 남는다. 그리고 '사장님'이란 말이 계속 맴돌았다.

"당신은 '사장님'이라는 말을 들으면 어떤 느낌이 드는가?" 아마 대부분의 사람들은 사장님에 대한 로망을 가지고 있을 것이다. 나 또한 '사장님'이란 말을 듣고 싶은 로망이 있다. 사장이 되고 싶어 하는 사람에게 "왜 사장이 하고 싶은가? 어떤 사장이 될 것인가? 사장은 어떤 일을 하는 사람인가?"라는 질문을 하면 그들에게서 어떤 답이 나올까가 궁금해진다.

대부분의 사람들은 사장의 지휘만 생각하고 사장의 책임과 역할을 생각하지 않는다. 단지 '사장을 하면 자기가 불합리하다고 생각하는 것을 자기 마음대로 고칠 수 있지 않을까?'라는 바람 때문에 사장이 되기를 원한다는 생각이 든다. 하지만 내가 생각하는 사장은 '핑계를 대지 않는 사람'이다. 성공하는 사람들의 공통점이 핑계를 대지 않는 것이듯 사장도 무한책임 앞에서 핑계대지 않는 사람인 것이다.

흔히 일에서 성과를 못 내거나 포기하는 사람들은 '시간이 없다. 돈이 없다. 자신이 없다.'는 이야기를 입에 달고 산다. 하지만 회사를 경영하는 사람이나, 성공한 사람들은 절대 핑계를 대지 않는다. 당신이 자신의 사업에서 존폐의 위기가 걸린 문제에 부딪혔다면 그 문제를 회피 하겠는가? 그리고 자신의 회사를 경영하는 사람이라면 똑같은 문제가 반복되는 것을 허용할까? 절대 그렇지 않을 것이다.

진정한 사장은 주인의식이 투철한 사람이다. 일과 삶의 주인공이 자신이기 때문에 긍정적인 생각으로 스스로 자신의 미래를 만들어

간다. 특히 그들에게는 공통된 3가지의 주인의식이 있다. 첫째, '자신이 회사의 주인'이다. 자신이 회사의 주인이라고 생각하는 사람들은 책임감을 가지고 있다. 자신의 일, 고객과 동료에 책임을 다함으로써 자신의 가치를 인정받는 것이다. 둘째, '자신이 행복의 주인'이다. 그들은 긍정적인 태도가 긍정적인 결과를 불러온다는 것을 누구보다 잘 알고 있다. 그래서 그들은 어려운 상황에서도 자신이 가야 할 방향을 잃지 않는 것이다. 오히려 고난을 자신이 가는 '행복한 방향의 등불'이라고 생각한다. 이런 등불을 통해서 자신뿐 아니라 남의 어둠에도 빛을 밝히는 것이다. 마지막으로 '자신이 시간과 환경의 주인'이다. 그들은 자신의 환경이 자신의 행복과 미래에 부정적인 영향을 미치게 내버려두지 않는다. 오히려 자신의 환경을 창조하고, 동료들의 생각의 폭을 넓혀줌으로써 더 큰 미래를 함께 준비해 나간다. 뿐만 아니라 예기치 않은 상황이 자신의 시간을 낭비하게 내버려두지 않으며, 철저하게 미래를 위한 우선순위로 시간을 투자하는 것이다.

자신이 회사의 주인, 행복의 주인, 시간과 환경의 주인임을 아는 사람은 자신의 일에서 의미를 깨달아 즐기며 일을 한다. 항상 긍정적인 시각으로 자신의 일과 환경에 의미를 부여하는 것이다. 자신에게 주어진 어려운 환경을 주어진 것으로 받아들이지 않고 자신의 미래와 연결 지어 긍정적인 환경으로 변화시킨다. 이런 긍정적인 생각이 스스로에게 끊임없이 동기부여를 하고 하루하루 성장하게 만들며 그 속에서 잊지 못할 춤을 추는 것이다.

한번은 인도에서 출장 온 바이어와 이야기를 나눈 적이 있다. 이야기 도중 동희오토라는 자동차 회사에 대해 이야기를 들었다.

"혹시 동희오토라는 회사를 가보셨어요? 자동차 업계 중에서 가장 잘 관리되는 생산라인을 꼽으라면 도요타 자동차를 이야기하잖아요. 하지만 저는 동희오토라는 자동차 회사를 최고의 자동차 생산 공장으로 꼽았습니다. 그 회사를 가니까 직원들이 사람을 맞이하는 자세에서 처음 놀라고, 생산라인을 보면서 두 번 놀라며, 마지막으로 그들의 문화에 세 번 놀랐습니다. 예의 바른 자세로 자신들의 손때 묻은 라인을 설명하는 그들의 모습에서 열정을 느꼈으며, 낭비를 제거하며 공간과 물건 하나하나를 바라보는 시각에 철학이 묻어있었어요. 개인별로 자신의 목표를 작업장에 비치했으며, 화장실을 비롯한 주변의 물건 하나하나가 놓인 위치에도 의미가 담겨 있었어요. 라인과 라인 사이의 통로는 '문화의 거리'를 만들어 각종 그림과 벽화가 전시되어 있었어요. '공장 속의 미술관'이 연상되었답니다. 그리고 저는 파랑새 그림이 인상적이었어요. 파랑새 주변만 칼라로 되어있고 나머지 주변은 회색과 검정색으로 칠해져 있었는데 그 의미가 '어두운 세상을 밝히는 한줄기 빛'을 주제로 그린 그림이라고 했어요. 그 그림에서 그들의 마음속에 담긴 희망을 느꼈답니다."

동희오토에서 일하는 사람들에 관한 이야기를 들으면서 나는 '행복'이란 글자를 떠올렸다. 자신이 일을 하는 공간에 의미를 부여하고, 자신이 만나는 사람들에게 진심과 애정을 담아 자신의 일터를 이야기할 수 있는 사람들이야말로 진정한 일의 주인이라는 생각이 들었기 때문이다.

로버트 인젠솔은 "행복을 즐겨야 할 시간은 지금이다. 행복을 즐겨야 할 장소는 여기다."라고 말했다. 어느 누구도 자신에게 어떤 마음으로 일을 하고, 어떻게 자신의 환경을 만들지를 결정해 주지 않는다. 결정권자는 바로 '자신'이다. 자신의 일에 결정권을 가지고 즐겁게 일하는 환경을 만드는 사람만이 일의 진정한 주인이 되는 것이다.

자동차를 개발하다보면 마지막 품질문제가 신차의 이미지를 결정한다. 사장님부터 시작하여 현장에서 일하시는 분들까지 모든 사람이 제일 먼저 보는 것이 자동차의 외관이고, 차를 구매하는 60퍼센트의 고객이 구매를 결정할 때 자동차의 외관을 가장 많이 본다고 한다. 이런 이유 때문에 사람들의 입에 제일 먼저 오르내리는 것이 외관 품질이다. 자칫 잘못해서 마지막 품질에서 조금이라도 확보되지 않으면 그 동안 투자한 시간이 헛수고가 될 수 있기 때문에 차량을 판매하기 두 달 전부터는 초비상 태세에 접어든다.

여러 개의 제품들이 조립되어 외관 품질이 결정되기 때문에 문제가 생기면 그 동안의 품질이력과 단품들의 품질을 일일이 체크하면서 완벽한 품질을 만들어야 한다. 게다가 신차 출시가 다가오면 관련

부서 사람들도 자신의 일이 바쁘다는 핑계로 참석을 하지 않는 경우가 빈번히 발생한다. 그래서 자동차 외관품질의 끝을 담당하는 생산기술부서와 생산 팀만이 끝까지 남아서 품질확보를 위한 해결책을 내는 경우도 다반사였다.

최고의 품질을 위해서 제품을 바꾸고, 테스트하며, 장착하고 분해하는 것을 수십 수백 번 반복해야 한다. 요즘처럼 편안하게 일하려는 사람들이 많아지는 시기에 협업을 통해서 끝까지 일을 마무리한다는 것은 책임감과 희생 없이는 불가능하다. 이런 막중한 책임 때문에 동료와 관련 팀이 같이하지 않으면 더 없이 힘든 일이 되어버리는 것이다.

코란도C의 모델체인지 때 입사동기와 일을 할 때가 생각난다. "야! 정말 너무한 거 아니야? 사고 친 부서는 코빼기도 안 비치고 우리만 죽어라 이렇게 일하냐?"라고 동기가 불만을 토로했다. 나 또한 매번 반복되었지만 시간이 갈수록 심해지는 관련 팀의 무관심에 지쳐 있었고, 꿋꿋이 일을 같이해온 동기의 마음을 누구보다 알기에 답답한 마음이 들었다. 지친 어깨로 팀으로 올라오면서 팀장과 얼굴이 마주쳤고, "팀장님! 아무리 제가 일에 대해 끝까지 책임진다고는 하지만, 조금은 외롭네요."라는 푸념을 했다. '내가 막지 않으면 고객에게 제대로 된 품질의 차를 넘겨주지 못한다.'는 책임감이 나의 어깨를 누르고 있었으며, 차량 판매 일정을 지키기 위해 지금 해결하지 않으면 안 되는 긴박함을 몰라주는 무관심한 주위 환경이 너무 싫었던 것이었다. 팀원들과의 소주한잔으로 다시 마음을 부여잡고, 마지막까지 고객을 위한 품질을 마무리할 수 있었다. 그리고 그 뒤에는 '책임감'이 있었던 것이다.

회사에서 힘들게 일할 때면 잊지 않는 한 가지는 '내가 이 회사의 CEO다.'라는 것이다. 이런 이유 때문인지 나는 나의 일은 끝나지 않았다고 생각한다. 반복되는 불량, 불합리한 프로세스, 누군가는 외면한 자리에서 외롭게 일을 책임지는 상황을 회사의 주인으로서 그냥 지나칠 수 없기 때문이다. 그래서 지금도 새로운 생각으로 제대로 된 프로세스와 최상의 품질을 위해 도전한다. 그런 도전 앞에는 불합리한 환경이 있지만 이런 환경들을 해결하지 않으면 나뿐만 아니라 앞으로 많은 후배와 주변의 동료가 힘들게 일할 것을 알기에 더더욱 용기를 낸다. 그리고 항상 즐기려 한다. 내가 즐기며 만든 자동차를 고객들이 즐겁게 타는 모습을 상상하기 때문이다.

진정한 CEO는 자신의 일을 사랑하고 즐기며 끝까지 책임을 완수하는 사람이다. 빠르게 다가오는 미래에서 회사의 CEO가 직접 성과를 내는 일에 참여할 기회는 많지 않다. CEO는 성과라는 결과물을 담당하는 구성원들이 자신의 재능을 발휘할 기회를 최대한 제공해야 한다. 담당자가 일에 몰입할 수 있도록 환경과 자원을 지원하여 믿음과 신뢰를 주는 것이 회사를 이끌어가는 CEO의 역할인 것이다.

그리고 마지막 남은 것이 있다. 우리의 '선택'이다.

'즐겁게 일하는 CEO가 될 것인가?' vs 끌려 다니면서 일하는 월급쟁이가 될 것인가?'

07 '저 사람 괜찮아'라는
평가를 받도록 노력하라

"안녕하세요, 요즘 어떻게 지내셨어요? 너무 반가워요. 꼭 다시 한 번 뵙고 싶었어요."

'제발 모른 체 그냥 지나가라. 마주쳐서 이상한 소리 듣고 기분 나빠지기 싫어.'

우리는 회사와 고객, 동료와 동료, 상사와 부하, 팀과 팀 등 다양한 관계로 얽혀있다. 이런 관계 속에서 많은 사람들이 갈등을 빚고 힘들어하는 것 또한 사실이다. 일을 하며 만난 사람들 중 어떤 사람은 다시 보고 싶고, 어떤 사람은 저 멀리 그림자만 보여도 피하고 싶어진다. 왜 이런 차이가 발생하는 것일까? 그것은 바로 '일과 사람을 대하는 마음' 때문이다.

일에서 올바른 관계의 기본은 책임과 역할을 제대로 수행하는 것이다. 하지만 열정 없이 책임과 역할을 제대로 수행하지 않는다면 갈등이 생기고 문제가 발생한다. 결국 일과 관계에서 발생한 갈등이 원활한 회사생활을 저해하는 핵심원인이 되는 것이다.

　성공적인 직장생활을 위해서는 일과 관계의 두 바퀴를 제대로 굴려야 한다. 이 두 바퀴 중 어느 바퀴가 중요하냐고 물으면 당연히 '관계를 풀어가는 능력'이다. 일을 모른다면 배우면서 하면 되고, 경험 많은 선배들의 조언을 얻으면 된다. 하지만 관계를 풀지 못하고 문제가 발생되면 회사라는 조직에서 마음 둘 곳을 잃게 된다.

　일이 많으면 야근을 하고 주말에 출근해서 시간을 투자하면 어느 정도 해결할 수 있다. 하지만 사람과의 관계에서 한번 틀어지면 진심을 다해도 회복하기 힘들 때가 많다. 그렇기 때문에 항상 일과 사람에 대한 진실한 태도를 유지하려는 노력이 대단히 중요한 것이다.

　얼마 전 회사에 터키의 저널리스트가 방문했다. 회사의 유럽시장 판매대수가 감소하는 상황에서 시장 확대를 위한 홍보효과를 거둘 수 있는 중요한 기회였다. 유럽 쪽 해외영업을 담당하는 하 대리와 생산 팀의 부탁으로 티볼리 생산라인의 안내를 내가 맡게 되었다.

　"이 공장은 2005년도에 제가 지었습니다. 공장건설 당시에 365일 중 358일을 일했습니다. 눈을 감으면 공장의 어디에 뭐가 있는지 훤히 압니다. (중략) 이 장비는 제가 설치했어요. 설계와 디자인 단계부터 모든 콘셉트를 잡고 설치했습니다. 그 당시 정말 고생했어요."라고 말하자 터키 기자는 "저도 그 심정 이해합니다. 저도 그런 경험이 있으니까요."라며 말해주었다. "저는 이 쌍용자동차가 세계에서 제일 행복한 회사가 되었으면 합니다. 어려운 시절을 겪은 동료들이 웃으면서 일하는 게 제 꿈입니다."라고 이야기하자, 그는 "그런 꿈을 가지고 계신 'Mr. Seo'가 있으니까 반드시 그렇게 될 겁니다."라고 말해주었다.

"저는 이 라인을 파운데이션 라인이라 부릅니다. 눈(램프)을 달고, 얼굴(범퍼)을 치장하는 공정이라 그렇게 불러요."라고 말하자, "하하하"라며 웃었다. "티볼리는 외관품질이 이전의 차량뿐만 아니라 세계적인 차에 비해서도 뒤지지 않아요. 그 이유는 디자인, 설계, 품질, 생산 모든 부분이 하나의 생각으로 TFT를 구성하여 일했어요. 그 당시에 제가 TFT 리더를 맡았습니다. 열악한 인력지원 속에서도 각자의 역할을 잘 수행해준 팀원들 덕분에 티볼리의 영광이 있었던 것 같습니다."

한 시간 정도의 길지 않은 시간이었지만 그와 나는 생산의 철학과 회사의 철학, 인생의 철학까지 이야기하면서 서로 공감했고, 정말 고맙다는 인사를 하면서 라인 투어를 마쳤다. 기자단의 다음 일정을 맡은 하 대리에게 "하 대리가 우리 회사의 얼굴이야. 한국에 있는 동안 잘 해드려. 고생했어."라고 말해주었다. 그리고 마지막 작별인사를 나누고, 차가 지나가는 동안 손을 흔들며 배웅했다.

나의 정식업무는 아니지만 회사의 이미지와 홍보에 많은 영향을 줄 고객이기에 진심으로 라인 투어를 하였다. 그리고 얼마 후 한 통의 전화가 왔다.

"안녕하세요? 저는 아중동 팀에 근무하는 하 대리입니다. 저번에 라인 투어 너무 감사드립니다. 그때 같이 투어를 한 터키 기자가 이 말을 꼭 전해달라고 했습니다."
"짧은 한국 일정이었지만 '미스터 서'를 만나서 정말 좋았습니다. 생생한 느낌과 진심으로 저를 위해 많은 이야기를 해주셔서 정말 잊지 못할 추억이었습니다. 만일 제가 한국에 있었다면 '인생의 친구'가 되었을 것입니다. 감사합니다."

'인생의 친구'가 되고 싶다는 터키 기자의 말은 나에게 가장 큰 칭찬이었고, 보람이었다. 이런 보람과 회사의 목표에 맞는 성과를 만드는 비결은 바로 일과 사람을 대하는 마음가짐에서 비롯된 것이다. '터키 기자는 나를 누구라고 생각할까? 그냥 회사의 직원으로 생각할까? 그런 건 중요하지 않아. 나는 우리 회사의 얼굴이야. 그리고 대한민국의 얼굴이야. 지금은 대내외적으로 시끄럽지만 진심을 담아서 좋은 회사의 모습과 한국의 모습을 보여주면 되는 거야. 그리고 이 공장은 나의 철학이 담긴 인생과도 같은 곳이잖아. 내가 이곳을 칭찬하고 멋지게 이야기 안 해주면 누가 하겠어?'라는 마음이 터키 기자에게 전달되었고 더 좋은 결과물이 되었던 것이다.

우리는 일을 만나면 마음속에서 일에 대해 정의를 내린다. 그리고 일의 방향을 정한다. 어떤 사람은 자신만의 기준으로 일의 방향을 정하는 사람이 있고, 어떤 사람은 회사와 상사, 고객과 동료의 입장을 고려하여 일의 방향을 정한다.

일의 방향은 생각의 방향이다. 생각의 방향에 따라 일의 성과가 달라지며, 이런 성과를 통하여 일을 맡은 사람은 자신의 가치를 증명하게 된다. 그리고 스스로의 가치를 증명한다면 누군가는 자신을 좋게 평가하는 계기가 되는 것이다.

인간관계에는 공통적으로 존재하는 황금률이 있다. 그것은 바로 "무엇이든 남에게 대접 받고자 하는 대로 당신도 남을 대접하라."는 것이다. 대화의 핵심이 상대를 생각하는 '경청'이듯 남을 대하는 마음이 극진하다면 자신에게 돌아오는 것은 '좋은 사람'이라는 평가 뿐이다.

"당신은 어떤 평가를 받고 있는가?"

"저 사람 괜찮아." "저 사람은 피해야 할 사람이야."라는 말 중에 어떤 말을 많이 듣고 있는가? 직장인으로 산다는 것은 누군가의 평가에서 자유롭지 못한 것이 사실이다. 길지 않은 시간에 사람을 평가한다는 것은 위험한 생각이다. 하지만 우리의 뇌는 0.1초 안에 벌써 그 사람의 첫 인상을 평가해 버린다. 평가가 모여서 평판이 만들어지고 그 평판은 그 사람의 가치로 인식된다.

이제 한 번쯤은 일과 사람을 올바르게 대하는 진실한 마음으로 "저 사람 괜찮아."라는 평판을 자신에게 선물해 보는 게 어떨까?

08 통하는
   사람이 되라

"자기야! 나의 어디가 좋아?"

"음~네가 예뻐서. 전부 다 예뻐."

"어디가 예쁜데? 매번 예쁘다는 말만하고, 그거 말고 다른 좋은 거는 없어?"

연인 사이에서 남자들이 끔찍이도 두려워하는 질문 중의 하나가 "나의 어디가 좋아?"라는 것이다. 그러면 대부분의 남자들이 "네가 예뻐서"라고 대답한다. 하지만 여자들은 남자의 대답 속에서 무수히 많은 생각을 한다. '더 예쁜 여자가 나타나면 내가 아니어도 될 수 있어? 매번 예뻐서 좋아한다니 나에 대해 제대로 아는 게 있는 거야?'라는 생각에 사로잡힌다. 바로 연인 사이에 전형적으로 나타나는 소통이 안 되는 예다.

여자는 자신의 마음에 꽂히는 말을 기대한다. "난 너의 이런 점이 좋아."라는 말이 그녀의 마음 정중앙에 화살처럼 박히면 그 때가 바로 둘 사이에 끊어질 수 없는 신뢰의 고리가 생기는 것이며 마음의 통로가 생기는 것이다.

회사에는 다양한 경험, 가치관을 가진 사람들이 함께 일을 한다. 다양한 생각을 가진 사람들이 모여서 회사가 가고자 하는 방향으로 성과를 내는 것은 쉬운 일이 아니다. 그래서 가장 중요한 것이 힘을 합치는 것이다. 힘을 합치기 위해서는 원활한 소통이 필요하다. 이런 이유로 회사에서는 원활한 소통을 위한 야유회, 세미나, 간담회, 특별 이벤트, 멘토멘티 제도와 같은 다양한 방법을 시도하고 있다. 하지만 가장 중요한 것은 사람이다. 서로의 다름을 인정하여 일과 갈등을 조율하고, 즐겁게 일하는 분위기를 만들 수 있는 사람이 필요한 것이다. 그렇기 때문에 '통하는 사람'이 되어야 한다.

회사에 입사하면서 팀 총무를 두 번씩이나 맡았다. 처음은 입사 6개월 만에 부서의 총무가 되었다. 대학 때부터 여러 모임의 회장과 총무를 맡은 경험이 있어서 어렵지 않을 것이라 생각했었다. 하지만 워낙 바쁜 팀이기 때문에 여러 행사를 진행하는데 많은 어려움을 겪었다. 총무가 소통을 위한 다리 역할을 해야 했고, 팀의 분위기 전환이 필요한 시점이었다. 수요일 축구와 회식, 야유회 등 정말 다채로운 행사로 팀의 분위기 메이커가 되었고, 그때부터 나는 팀의 '오락 부장, 체육 부장'으로 통하게 되었다. 부서 총무를 한 이후에도 선후배와 스스럼없이 이야기를 할 수 있는 동료로 나는 인식되었다.

나에 대한 이런 인식은 2012년에 2번째 팀 총무를 다시 맡게 되는 계기가 되었다. 팀의 적극적인 분위기 전환과 상하 간의 세대 차이를 극복하기 위하여 팀의 허리 역할이 절실하다고 판단한 상사들의 모의로 두 번째 팀의 총무를 맡게 된 것이다.

총무를 맡으면서 팀원들이 어울릴 수 있는 장을 만들었다. 매월 생일파티를 진행하면서 팀원들의 마음이 담긴 롤링 페이퍼와 책을 선물했고, 회식과 야유회 때는 '어떻게 하면 팀원들과 상하 간에 잘 어울릴 수 있을까?'를 고민하였다. 이런 고민과 노력의 결과 중에서 가장 많은 칭찬을 들었던 것이 부서 송년회였다.

몇 주 전부터 색다른 송년회를 계획했다. '선배와 후배의 인생대화'라는 제목으로 부서의 원활한 소통을 위하여 선배가 후배에게 바라는 점, 후배가 선배에게 바라는 점을 사전에 조사하였다. 서로의 속마음을 이해하여 조금씩 다가가는 소통의 장을 열었던 것이다. 또한 인생의 선후배로 자신의 다양한 경험을 공유하는 '5분 스피치'를 마련하였다.

처음에 쑥스러워하던 고참들과 후배들도 자신의 경험을 들려주기 위해 정성스럽게 준비를 했다. 막상 '5분 스피치'를 진행하면서 부서원들의 눈빛은 더없이 진지했다. 이해의 시간, 인간관계, 자식교육, 직장인 재테크, 나의 생각, 일에 대한 팀장의 생각 등 정말 다양한 주제의 프레젠테이션이 진행되었다.

프레젠테이션이 끝나고 마지막에 한 해 동안 팀원들이 이루었던 다양한 일들과 이벤트를 동영상으로 보았을 때 팀원들은 서로를 더 깊이 이해하는 뜨거움을 느꼈고, 눈빛이 더욱 빛나고 있었다. 발표한 사람과 듣는 사람 모두가 하나가 된 것이었다. 고참들은 "역시 최고야. 부서 송년회의 격이 한 단계 올라갔어. 정말 수고했어."라며 칭찬을 해주었고, 후배들은 "멋지세요."라는 말과 함께 술잔을 기울였다. 그리고 어느새 나는 팀에서는 통하는 사람이 되어있었다.

회사에서 통하는 사람이 된다는 것은 '일의 창구'가 되고, '마음의 창구'가 된다는 것이다. 부서 총무를 맡았을 때도 부서의 변화된 모습을 상상했고 팀이 활기차고 소통하는 모습으로 변화해야 한다는 목적을 가지고 있었다. 이런 목적을 통하여 팀원들이 더 단합하게 되고, '성과와 시너지를 낼 수 있는 튼튼한 팀 문화 정착'이라는 총무의 미션을 성공적으로 수행 할 수 있었던 것이다.

회사에서 모든 미션을 성공적으로 수행하기 위해서는 목적이 있어야 한다. 일에 목적이 있다는 것은 자신의 일에 의미를 부여한다는 것이다. 어떻게 보면 총무의 일이 때로는 허드렛일까지 도맡아해야 하지만 이런 사소한 일까지 의미를 부여함으로써 팀에서는 통하는 사람이 되고, 작은 일이 큰 성과로 이어지는 것이다.

2014년에 팀장이 교체되면서 팀에도 새로운 바람이 불었다. 새로운 팀장은 나에게 지나가는 말로 "팀의 비전을 세우면 어떨까?"라는 말을 했다. 부서의 변화를 이끄는 일에 항상 앞서서 일한 나였기 때문에 팀장이 툭 던진 한마디를 그냥 지나칠 수 없었다. 그래서 비전의 중요성, 비전을 세우는 방법과 사례에 대한 조사를 시작하고 자료를 만들었다. 회사의 비전과 우리 팀이 소속된 부문의 비전을 연결 짓고, 팀의 새로운 비전에 대한 초안을 만들었다. 또한 팀의 비전을 세운다는 것은 궁극적으로 '회사의 발전과 개인의 성장을 이끌어 낼 수 있는 팀 문화로 정착해야 된다.'는 생각에 집안의 가풍을 변형해서 팀풍을 만들었다. 팀이 바라는 인재상과 업무의 특성, 타 부서와의 관계를 고려한 업무태도까지 정의했다. 이렇게 만들어진 자료를 팀장과 검토할 때였다. 빔 프로젝트에서 첫 화면이 나올 때부터 "와! 서 과장! 언제 이렇게 만든 거야? 며칠 전에 말한 것 같은데 정말 대단하다. 진짜 수고했어."라며 몇 번이나 칭찬을 해주었다. 팀장의 마음과 나의 마음이 통하는 순간이었다.

회사에서는 통하는 사람이 되어야 한다. 통하는 사람이 된다는 것은 일과 관계의 두 마리 토끼를 잡는 것이다. '두 마리 토끼를 잡으려다 두 마리 토끼를 다 놓친다.'는 말이 있지만 회사에서는 일과 관계의 두 마리 토끼 중 하나를 잃으면 모든 것을 잃을 수 있다.

일에서 통하는 사람은 성과로 말을 하며, 관계에서 통하는 사람은 서로의 다름을 인정하고 존중하는 사람이다. 그들은 서로의 역할, 업무 스타일, 성격, 가치관의 차이를 인정하면서 자신의 의견을 상대방에게 전달하는 탁월한 능력을 발휘한다. 한마디로 '진정한 프로'다. 일에서는 변화의 프로로서 성과로 자신의 가치를 증명하며, 관계에서는 다양성을 존중하여 '함께의 가치'를 만들어 가는 행복한 커뮤니케이션의 프로인 것이다.

행복한 직장생활이
남은 인생을 결정한다

01 제대로 된 '일 공부'가
3년 후의 미래를 좌우한다

요즘 '100세 시대', '수명 연장'이라는 문구를 자주 본다. 한국인 평균수명이 2011년 남성 77.6세, 여성 84.4세로 평균수명이 연장되기 시작하였고, 2000년에는 65세 이상 인구 비율이 7.2% 이었으나 2026년에는 20.8%에 도달할 것으로 통계청은 전망하였다. 평균수명이 80세를 넘기면서 100세 이상을 사는 인구가 점점 늘어나고 있으며 이런 현상은 직장인이 정년이후에 자신의 인생을 살아가야 할 기간이 계속 늘어나고 있다는 것을 의미한다.

"그러면 우리는 어떻게 자신의 미래를 준비해야 하는 것일까?"

앤서니 라빈스는 "사람은 1년 동안 할 수 있는 일에 대해 과대평가하며, 10년 동안에 할 수 있는 일을 과소평가한다."라고 이야기했다. 자신의 1년을 계획하고 실천함으로써, 자신의 위대한 10년의 변화를 만들 수 있다는 것이다. 이런 '1년의 변화' 아니 '10년의 변화'를 어떻게 이룰 수 있을까? 그 답은 바로 자신의 자리에서 찾아야 한다. 자

신의 자리에서 진정한 '일 공부'를 통하여 자신의 미래를 준비해야
하는 것이다.

2002년 내가 첫 직장에 입사해서 부서를 결정하기 전에 생산기술
을 담당하던 곽상철 상무가 나에게 물었다.

"서형덕 씨! 형덕 씨는 어떤 일을 하고 싶으세요? 특별히 가고 싶
은 부서가 있나요?"
"예. 제일 힘든 부서로 보내 주십시오."

나는 어렸을 때부터 농사와 갖은 일을 하면서 땀의 가치를 배우면
서 자랐다. 그래서 나는 인생의 편안한 길보다 어려운 길을 먼저 선
택했는지 모르겠다. 무슨 배짱인지 고난에 손 내밀어 치열하게 고민
하고 배웠다. 심지어 회사의 파업과 법정관리 속에 같이 일하던 동료
까지 떠나가는 숨 막히는 상황을 겪으면서 누구보다 치열하게 인생
에 대해 고민하고, 배움에서 길을 찾았던 것이다.
한번은 후배들과 배움에 대한 이야기를 한 적이 있다.

"나는 회사에 입사한 사람이면 45살까지는 정말 치열하게 일에 대
해 그리고 자신에 대해 공부해야 한다고 생각해. 회사에 다닐 때는
회사라는 지붕 때문에 리스크를 온 몸으로 직접 맞지는 않아. 그렇기

때문에 나태해질 수 있어. 하지만 월급을 받을 때 더 치열하게 배워야 한다고 나는 생각해. 직장에 다닐 때는 돈을 받으며 배우지만 직장을 그만둔 후에는 리스크가 있기 때문에 돈과 시간이 두 배로 드는 거야. 배우면서 일하면 정년은 보장되겠지. 하지만 배우지 않는다면 인생의 정년이 먼저 오는 거야."

신입사원 시절을 보내고 나면 어느 정도 일에 대한 자신감이 생긴다. 하지만 사람은 시간이 지나면서 자신이 일하는 방식에 익숙해진다. 이런 익숙함이 많아질수록 성장은 멈추고 리스크는 증가된다. 어떻게 보면 '가마솥 속의 개구리'가 되어가는 것이다. 그렇기 때문에 자신의 일하는 방식이나 태도에 대해 끊임없이 인식을 하고 개선하는 노력을 게을리하면 안 된다. 진짜 제대로 된 일 공부가 필요한 것이다.

일 공부는 크게 세 단계로 나뉜다. 자신과 소통하고, 일에 대한 정의와 태도를 정립하여 인생의 진정한 주인이 되는 과정을 거쳐야 한다.

1단계, 자신을 알라. '자신을 안다.'는 것은 뜀틀을 뛸 때 발판을 밟고 뛰는 것과 밟지 않고 뛰는 것과 같다고 보면 된다. '자신의 장점에 집중하라.'는 말이 있다. 자신의 장점에 집중함으로써 자신만의 차별화를 이루어 더욱더 가치 있는 삶을 살아가게 된다.
내가 아는 방법 중 자신을 이해하는 제일 좋은 방법은 자신의 '직업 인생 그래프'를 한번 그려보는 것이다. 나의 경우 고등학교 3학년 때 일탈한 것, 막노동으로 얼굴에 화상을 입어 퇴원한 후에도 돈을 번 일, 쌍용자동차의 입사와 파업, 결혼, 세 아이 출산과 승진 같은 사건이 있었다. 이런 사건들을 통해서 인생의 변화를 그래프로 그려보고 그 그래프 속에서 자신의 변화해가는 모습을 바라보는 것이다. 그래프에 기록된 큰 사건이 자신의 인생에 어떤 영향을 미쳤고, 무엇을 배우고 느꼈으며, 그 시기에 무엇을 했더라면 더 나은 미래가 되었을지 상상해 봐야 한다.

또한 자신이 어떤 과정을 통해 더 크게 성장했는지를 확인해야 한다. 자신의 성향과 성격, 장단점, 차별화된 기술 또는 능력 등을 분석하고 정리함으로써 진정한 자신과 마주할 수 있다. 이런 과정을 거친 후에야 비로소 자신이 미래를 위해 어떤 능력을 계발하고 키울지를 결정하며 꿈을 더 크게 키울 방향을 정할 수 있는 것이다.

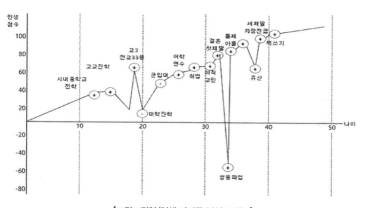

[그림 : 직업/인생 사이클 분석 그래프]

2단계, 일에 대한 자신만의 정의와 태도를 정립하라. 제대로 된 일 공부를 위해선 일에 대한 자신만의 정의와 진정한 목적이 있어야 한다. 하지만 일에 대한 자신만의 정의와 진정한 목적을 가진 사람은 많지 않다. 일에 대해 자신만의 정의와 태도를 가지기 위해서 우리는 5가지 질문과 친해져야 한다.

질문1) 나의 고객은 누구이며, 고객이 원하는 가치는 무엇인가?
질문2) 가장 중요하고 가치 있는 일을 무엇인가?
질문3) 내가 있는 공간과 시간이 미래 가치를 증진시키는가?
질문4) 이 일에 어떤 기회가 숨어 있고, 나는 무엇을 배울 것인가?
질문5) 나는 누구와 최고의 가치를 만들 것인가?

5가지 질문은 일과 자신에 대해 많은 것을 생각하게 한다. 나 또한 이런 질문에 자신을 던져서 일에 대한 정의를 내리고, 삶의 목표를 세웠다. 그래서 지금은 자신의 일에서 의미와 목표를 가지고 계획된 미래로 한발 한발 나아간다.

일에 대한 정의와 의미가 생겨나게 되면 자연스럽게 변하는 것이 태도다. 자신의 일과 관계에서 하루하루 의미를 찾아 성장함으로써 긍정적인 태도를 가지게 된다. 긍정적인 태도는 새로운 일에 대한 두려움보다는 긍정적인 의미와 기회를 먼저 보는 습관을 가지게 한다.

이런 습관이 제대로 된 일 공부를 통해 끊임없이 성장하는 자신을 만드는 가장 큰 원동력이 되는 것이다.

3단계, 인생의 주인이 되어라. '새로운 것을 배울 때 가장 행복하다.'라는 말이 있다. 사람은 몰랐던 지식을 습득할 때 기쁨과 행복을 느낀다. 배움을 통해 자신을 알고 끊임없이 성장하며, 일에 대한 의미를 깨달아서 인생의 진정한 주인으로 거듭나게 되는 것이다.

하지만 그들은 혼자 성장하지 않는다. '일과 관계에서 모두 승리할 때만이 진정한 행복의 주인공이 된다.'는 것을 알기 때문에 '같이'의 '가치'를 실천하는 것이다. 또한 일과 관계의 주인으로 서로의 성장과 시너지를 위해 최선을 다한다. 그래서 일을 통해 행복을 깨달은 사람들은 남다른 관점과 태도를 가지고 있다.

첫째, 일을 통해 서로가 행복의 주인이 된다.
둘째, 긍정적인 관점이 긍정적인 결과를 만든다.
셋째, 일에서 끊임없이 성장하고 배운다.
넷째, 자신만의 습관과 프로세스를 개선하여 끊임없이 발전한다.
다섯째, 일과 고난에는 항상 기회가 숨어있다.
여섯째, 가장 중요한 것은 사람이다.

나는 요즘 새로운 노트를 만들었다. 매일 내 인생의 10가지 목표를 적고, 오늘 끝내야 할 3가지 중요한 일에 우선순위를 정한다. 그리고 집중해서 그 일을 마무리한다.

나의 노트는 나에게 두 번의 인생을 선물한다. 계획을 통해 첫 번째의 인생을 살게 하고, 그 계획을 실천하며 두 번째 인생을 살아가는 것이다. 그래서 나의 3년 후, 10년 후를 매일 생생하게 느끼며 살아간다.

"당신은 어떤 인생을 살고 있는가?"

만약 당신의 미래에 주저하고 있다면 제대로 된 일 공부에 1년만 미쳐보라. 일에서 미치지 않으면 일이 당신을 미치게 할지 모른다. 더 이상 일이 당신을 흔드는 것을 허락해서는 안 된다. 당신의 미래는 오직 당신의 제대로 된 '일 공부'로 열어간다는 것을 잊어서는 안 될 것이다.

02 회사가 대체할 수 없는
   사람이 되어라

"당신의 가치를 나타내는 가장 강력한 무기를 3가지 꼽으라면 무엇을 꼽을 것인가?"

이런 질문을 당신이 받았다면 어떤 대답을 할 수 있겠는가? 아마 대부분의 사람들은 선뜻 대답하기 힘들 것이다. 하지만 이 질문에 대해 대답할 수 있는 사람이라면 자신의 분야에서 괄목한 만한 성장을 이루고, 자신의 가치를 알고 있는 사람일 것이다.

나의 경우 이런 질문을 던졌을 때 가장 먼저 떠오른 것이 '책을 가장 많이 읽고 끊임없이 배우는 사람', '맡은 일에서 핵심을 뽑아내어 끝까지 해내는 추진력 강한 사람', '힘든 상황에서도 기회를 보려고 노력하는 초긍정적인 사람'이 제일 먼저 떠올랐다. 그리고 이 세 가지가 내 인생을 튼튼하게 지켜주는 기둥처럼 느껴졌다.

사람은 저마다의 8가지 지능을 가지고 있다고 한다. 언어지능, 논리수학지능, 공간지능, 신체운동지능, 음악지능, 인간친화지능, 자기성찰지능, 자연탐구지능의 여덟 가지로 구분되며 이것을 다중지능이라 부른다. 이러한 다중지능이 모여서 개개인마다 독특한 자아를 만들게 된다. 사람마다 자라온 환경이 다르고, 다른 교육과 훈련을 받고 자랐기 때문에 다중지능의 발달정도에서 차이를 보인다.

　독일의 철학자, 과학자, 시인인 괴테처럼 전 부분의 지능이 발달한 사람이 있는가 하면, 피겨 여왕 김연아처럼 한 가지 영역에서 더 두각을 내는 사람이 있다. 하지만 한 가지 지능에 두각을 나타낸다고 해서 다른 영역의 지능이 떨어진다는 것은 아니다. 우리가 흔히 말하는 적성은 몇 개의 다중지능이 합쳐서 생긴다. 이런 적성에 경험과 훈련이라는 환경이 더해져서 차별화된 능력을 가진 사람이 되고 차별화된 능력은 대체할 수 없는 사람을 만들게 되는 것이다.

　직장에서도 다양한 능력을 가진 사람들이 있다. 운동을 잘하는 사람, 사회를 잘 보는 사람, 정리를 잘하는 사람, 추진력이 강한 사람, 책임감이 강한 사람, 책을 많이 읽는 사람, 여행을 잘하는 사람 등 다양한 분야에서 뛰어난 재능을 가진 사람들이 모여서 일한다. 하지만 이런 재능을 어떻게 자신의 업무와 연결시켜서 성과를 낼 수 있는지를 모르는 사람이 많다. 만일 이런 능력이 자신의 업무와 연결되고 회사의 여건과 맞아 떨어지면 두각을 나타내게 되는 것이다.

회사에서 뉴 렉스턴을 출시한 이후에 1박2일로 경쟁차 비교 시승 행사를 나간 적이 있었다. 3인씩 6개 조로 구성되어 렉스턴과 경쟁차를 바꿔 타면서 시승을 하였다. 약 400km의 주행코스를 달리면서 경쟁 차들의 편의성, 주행성능, 외관 등의 항목을 비교평가 하는 것이 목적이었다. 시승을 통하여 비교 평가된 자료를 가지고 몇 개의 그룹이 토의를 진행한 후 수합된 의견을 바탕으로 뉴 렉스턴의 개선 방향을 정하기 시작했다.

최종 개선방향을 수립하는 회의를 시작하면서 우연히 사회를 보게 되었다. 그룹별 평가 자료를 발표하고, 발표된 자료에 대해 다른 부분의 의견을 들었다. 토의 중에 시간이 너무 지체되거나, 비판적인 의견이 나오면 정중하게 조정을 부탁드렸다. 토의의 원활한 진행과 마무리를 위하여 중간 중간 정리를 하는 시간을 가졌고, 서기와 함께 결과를 정리하는 작업도 원활히 마무리되었다.

회의가 끝난 후 간단한 단합 파티가 열렸다. 파티 도중 행사의 총괄을 맡은 연구소장이 술잔을 건네면서 갑자기 "서 사원, 토의 시간에 사회진행 정말 멋졌어. 너무 잘하던데."라는 말을 해주었다. 그 말로 나는 '내가 몰랐던 특별한 능력이 연구소장의 눈에는 보일 수 있지 않을까?'라는 생각이 들었다.

직업과 일에서 자신의 장점을 살려서 두각을 내는 사람은 많지 않다. 만약 우리가 두각을 나타내는 방법을 알고 그것을 실천한다면 자신만의 차별화된 능력이 되는 것이다. 차별화된 능력이 있다는 것은 회사가 대체할 수 없는 사람이 된다는 것을 뜻한다. 대체할 수 없는 사람이 되는 방법에는 크게 7가지가 있다.

첫째, 태도에서 두각을 나타내라.

태도는 '어떤 일이나 상황 따위를 대하는 마음가짐'을 말한다. 업무에 임하는 자세, 배우는 자세, 말투, 옷차림, 책임감, 진실성 등이 그 사람의 태도를 평가하는데 영향을 미친다. 일찍 출근하는 사람, 성실한 사람, 인사 잘하는 사람, 열정적인 사람과 같은 평가는 태도를 통해 그 사람의 가치를 평가하는 것이다. 이런 평가에서 두각을 나타내기 위해서는 '가장'이란 말을 넣어야 한다. '가장'이란 말에 두각을 나타내는 비결이 숨어 있는 것이다.

둘째, 자신의 업무에서 두각을 나타내라.

특정한 전문분야에서 자신의 지속적인 학습과 실전경험을 반복함으로써 특정분야에 문제가 생겼을 때 '가장' 먼저 찾는 사람이 되는 것이다. 또한 파워포인트, 엑셀, 캐드 등 업무기술에서 가장 먼저 찾는 사람도 여기에 속한다.

셋째, 관계와 정보에서 두각을 나타내라.

회사에서 사교성이 좋은 사람들이 여기에 속한다. 각종 정보에 밝고, 인맥이 넓은 사람으로서 사람 사이에 문제가 생기거나 어려움이 생겼을 때 가장 먼저 찾는 사람이 이 부류에 속한다.

넷째, 자기계발에 두각을 나타내라.

회사에서는 자기계발이 필수적이다. 책을 가장 많이 읽는 사람, 영어를 가장 잘하는 사람, 엑셀을 가장 잘하는 사람, 프로그램을 가장 잘하는 사람과 같은 자기계발에 뛰어난 사람은 성실성을 인정받으며 '준비된 사람'이라는 평가 또한 받게 된다.

다섯째, 업무 외의 모임에서 튀어라.

회사나 부서의 각종 행사에서 사회를 맡거나 분위기를 주도하는 사람은 주목을 받는다. 한마디로 스타성이 있는 것이다. 이런 스타성은 친밀감을 강화시키고 영향력을 넓히는 기초가 된다. 운동, 대화, 술에 능한 것도 차별화된 무기가 된다는 것이다.

여섯째, 특이한 취미를 가져라.

군자란 기르기, 그림, 목공예 등과 같은 취미와 볼링, 당구, 마라톤, 배드민턴 등 각종 스포츠에서 두각을 나타내는 것이다. 그리고 스포츠 중에서 이왕이면 철인 3종 경기와 같은 특이한 것을 하는 것이 좋다.

일곱째, 최초에 도전하여 최고가 되어라.

'최초의 성과가 모이면 어떻게 될까?' 최초가 모이면 최고가 되는 것이다. 렉스턴의 엔진 개발, 쌍용자동차 자체기술로 신공장 건설, 쌍용차 모듈의 외주전환, 일반 책 5권 분량의 생산기술 교안 완성, 생산기술 포털사이트 오픈, 지식자료 폴더 체계를 수립하고 표준폴더 구축 등은 회사에서 이룬 최초의 성과였다. 이런 경험은 최초의 성과를 완성하는 두려움을 극복하게 했다. 더 나아가 최고로 도전하기 위한 디딤돌을 제공해주었던 것이다.

회사에 대체할 수 없는 사람이 된다는 것은 열정적인 태도, 업무의 프로, 관계의 달인, 자기계발의 1인자, 모임과 정보의 다리, 최초의 성과, 취미에서 인정을 받는 사람을 말한다. 신입사원 때는 태도로 자신을 부각시키거나, 운동모임을 통하여 자신의 입지를 굳혀나가고, 차츰 자신의 전문적인 업무로 인정받아야 한다. 그리고 추천하는 최고의 방법은 '최초에 적극적으로 도전하라.'는 것이다. 최초의 시도에서 실패하든 성공하든 그것은 자신의 인생에 큰 자산이 된다. 이런 최초의 도전은 최고를 만들 수 있는 지름길이며, 기회를 보는 능력을 지속적으로 키울 수 있는 최고의 무대가 되는 것이다.

나는 진정한 직업에 대해 생각한 적이 있었다. '진정한 직업은 1퍼센트 연관성에 헌신을 다하는 것이다.'라는 말이 떠올랐다. 자신의 일과 연관된 일을 찾아 끊임없이 지식을 습득하고 열정을 다하다 보면 어느새 최고의 자리에 있는 자신을 발견하게 된다. 회사는 최고의 고객에게는 최고의 대접을 하듯이 최고의 직원에게는 최고의 인정과 평가가 따른다. 이제는 자신에게 최고를 선물해 보자. 최고가 되는 것은 누구의 선택도 아닌 자신의 선택이다.

03 행복한 직장인이
얻게 되는 것들

    사람들이 직장에 다니는 이유는 무엇일까? 사람마다 다르지만 어떤 사람들은 자신의 꿈을 위해 일을 하는 사람이 있는 반면, 어떤 사람은 자신의 일에 특별한 의미를 두지 않는다. 어떻게 보면 대부분의 사람들이 자신이 왜 일을 해야 하며 자신이 하는 일이 어떤 특별한 의미를 가지고 있는지를 물어보지 못했을 것이다. 그 이유는 다른 사람에게 중요한 일을 하기 위해 정작 '자신에게 중요한 일이 무엇인가?'를 물어볼 시간을 사용하고 있기 때문이다.

    스티브 잡스는 "진정으로 만족하는 유일한 길은 당신이 위대한 일이라고 믿는 일을 하는 것이고, 위대한 일을 하는 유일한 길은 당신이 사랑하는 일을 하는 것이다. 사랑하는 사람을 찾듯이 사랑하는 일을 찾아라."라고 이야기한다. 그가 이야기하는 '위대한 일' 또한 누구에게도 물을 수 없다. 바로 자신만이 특별한 의미를 부여하여 신념을 다할 수 있는 일이 바로 위대한 일이다. 그리고 그 일로 진정한 행복을 느낀다면 또 다른 세계의 길로 들어서게 되는 것이다.

TV프로그램 〈생활의 달인〉을 보면 다양한 부문에서 자신의 일로 최고의 자리에 오른 사람을 만날 수 있다. 각양각색의 일을 하지만 그들에게서 공통적으로 배울 수 있는 것은 첫째 자신의 분야에서 끊임없이 자신의 일을 발전시켜왔으며, 둘째 자신의 일에 보람을 느끼면서 행복하게 일을 한다는 것이다. 그들의 눈빛에서는 일을 대하는 진지함뿐만 아니라 일에서 행복과 희열을 느끼는 모습을 보게 된다. 그런 모습을 보며 '아! 저 눈빛이 지금의 자리에 그들을 있게 해줬구나.'라는 마음이 절로 든다. 그들은 지금 그들이 하는 일을 사랑하고 자신의 일에서 행복을 느끼고 있었다.

대한민국에는 천만 명의 직장인이 있다. 그리고 그 직장인들은 자신의 행복에 대해 어떤 생각을 할까? 그들의 행복에 영향을 주는 것이 무엇이 있을까? 삼성경제연구소 예지은 연구원의 〈직장인의 행복에 관한 연구〉를 살펴보면, 직장인의 행복에 영향을 주는 요인으로는 크게 직장생활(Work)과 일상생활(Life)로 구분된다. 직장생활에서는 직무, 직장 내 관계, 심리상태에 따라 행복도가 달라졌다. 또한 일상생활에서는 경제(돈), 직장 외 관계, 여가에 따라 직장에서의 행복도가 달라지는 것으로 나타났다. 그중에서 직장인의 행복에 영향을 주는 요인에서 직장 내의 요인으로는 1위 긍정적인 감정, 2위 업무 의미감, 3위 조직과 상사의 지원으로 나타났으며, 일상생활에서는 가족과의 관계가 1위로 제일 큰 영향을 미쳤다.

　이 조사를 바탕으로 직장인 행복의 3대 핵심요소를 살펴볼 수 있다. 첫째는 긍정 감성을 바탕으로 건강한 심리적, 정신적 상태를 유지하는 '마음의 건강'이며, 둘째는 일에서 의미를 찾고, 일을 통해 자신이 성장하고 있다는 느낌을 받는 '의미와 성장'이다. 셋째는 다른 사람과 가까이 도움을 주고받으며 친밀한 관계를 형성하는 '지원적 관계'인 것이다. 마음의 건강은 '나와 나 자신(Me & Myself)' 사이의 긍정적인 관점을 중요시했고, 의미와 성장적 측면에서는 '나와 업무(Me & Work)'의 관계를 정의했으며, 지원적 관계는 '나와 다른 사람들(Me & Others)'의 올바른 관계형성이 직장행복의 핵심요인으로 조사되었다.

　요약해서 말하면, 직장에서 행복한 사람들은 긍정적인 사람들이었다. 긍정적인 마음으로 자신의 일에서 의미를 찾으며, 인간관계에서는 서로에게 의미 있는 역할을 함으로써 서로의 성장에 끊임없이 자극과 도움을 준다. 또한 일과 가정의 균형을 통하여 모든 면에서 자신의 행복을 추구한다. 때로는 많은 일과 역할로 시간에 쫓기고, 힘들 때도 있다. 하지만 이런 상황 속에서도 그들은 더욱더 선택과 집중을 한다. 일에 우선순위를 부여하여 하나하나 일을 처리함으로써 자신이 바라는 '균형 있는 삶의 패턴'을 빠르게 유지해 나가는 것이다. 그리고 그 속에서 행복이라는 의미를 되새긴다.

　삶의 균형을 잡는 것은 만만치 않은 일이다. 회사에 입사를 하면서 일이 일을 부르고, 일을 처리하면 일이 쌓이는 상황의 연속이었다. 회사의 상황이 나빠지면서 팀원이 34명에서 19명으로 줄었지만 팀원들이 짊어진 책임은 오히려 늘어나는 상황이 계속되었다. 관련부서 또한 인원이 줄어든 상황에서 업무공백이 생겼고, 이런 관련 부문의 업무공백 또한 자동차의 품질의 맨 끝에서 수문장 역할을 담당하는 팀원들의 부담으로 고스란히 전가되었다.

업무의 개선과 인원부족에 대한 이야기를 처음에는 윗사람들에게 많이 했다. 하지만 이런 이야기들이 불평불만으로만 들릴까봐 두세 번 이야기해서 명확한 답이 없으면 포기했다. 포기를 하고 나면 어떻게든 지금의 상황에서 서로의 아픔을 묻어두고, 힘든 상황을 함께 이겨냄으로써 지금의 팀으로 살아남아야 했다.

많은 일들을 겪으면서 어쩌면 위기를 이겨내고, 일을 나눠서 처리하는 요령이 생겼는지 모른다. 하지만 한 가지 분명한 것은 모든 직원들이 어떻게든 더 행복해지기 위한 노력을 계속하고 있다는 점이다. 모두가 한 가정의 아빠이고, 아들이며 존중받고 사랑받으면서 자라온 소중한 사람이다. 어떻게 보면 힘든 상황에서 같이 있어주는 것만으로도 행복할 자격이 충분한 사람들인 것이다.

사실 내가 다니는 이 회사의 많은 사람들은 삶의 균형이 깨지는 수많은 경험을 한 사람들이라고 생각한다. 모든 일이 그렇듯이 무질서 속에서 질서를 잡아가야 하고, 질서 속에서도 변화를 추구한다. 절망 속에서 희망을 찾고, 희망 속에서 앞으로 다가올 불행에 대비하기 위하여 오늘을 변화시킨다. 그리고 균형을 잡아간다. 인생의 선배들은 균형을 잡아가는 모든 과정들이 인생의 끝에서 없어서는 안 될 행복임을 알고 있다. 그래서 나는 빠르게 균형을 찾아가면서 행복한 직장생활을 하고 있다. 그리고 주위의 사람들이 행복한 직장생활을 할 수 있도록 나만의 노력을 하고 있는 것이다.

누군가는 행복에 대한 고정관념을 가지고 있다. '행복은 그냥 주어지지 않는다.'는 고정관념을 벗어던지고, 그냥 행복에서 시작해야 한다. 월급을 받아서 행복한 게 아니라 행복하게 일을 해서 월급을 받아야 하고, 열심히 일한 성과를 인정받아 행복한 것이 아니라 일을 사랑해서 행복하게 일하는 것이 당연해져야 한다. 생각의 전환이 필요한 것이다.

인간은 '상상력'을 가지고 있다. 상상력을 통해 자신의 행복을 창조할 수 있는 존재가 사람인 것이다. 직장생활에서는 많은 사람들이 함께 일을 하며 서로에게 영향을 미친다. 행복을 위해서는 서로가 긍정적인 영향을 미쳐야 하지만 때로는 부정적인 영향을 주고받는다. 하지만 우리는 어떤 상황에서도 자신의 마음을 선택할 수 있는 주인이다. 그래서 우리는 '어떤 상황이 오더라도 행복에서 시작해야 한다.'는 것을 기억해야 한다.

설레고 행복한 마음으로 일과 사람들을 만나고, 그 속에서 더 큰 행복으로 가는 기회를 만나야 한다. 때로는 자신의 마음이 좁아서 자신의 행복만 볼 때도 있다. 하지만 그럴 때도 자신에게 너무 속 좁은 사람이라 핀잔주지 말아야 한다. 자신의 행복을 볼 수 없으면 남의 행복도 볼 수 없기 때문에 자신에게 조금만 더 마음의 문을 열어야 한다.

다른 사람의 행복을 생각하면 자신의 마음에는 더 큰 빛이 난다. 그런 빛은 시간이 흐를수록 자신의 주위에 자기를 좋아하는 사람이 많이 생기는 더 큰 축복을 안겨준다.

"당신은 그런 사람입니다."

04 직장생활의 행복은
나에게 달려있다

우리는 태어나면서부터 부모, 자식, 친구, 직원, 고객, 사장 등 무수히 많은 관계를 맺고 살아간다. 이런 관계 속에서 행복을 찾고 행복을 나눠주며 때로는 슬픔의 눈물을 서로 닦아 주기도 한다. 하지만 우리가 정말로 바라는 것은 슬픔의 상황을 많이 겪기보다는 즐거운 일과 행복한 사람을 만나기를 바란다.

특히 직장생활, 사회생활에서 일을 통해 사람을 만날 때도 긍정적이며 열정적인 기운을 주는 사람, 이야기를 잘 들어주고 공감해 주는 사람, 재미있는 사람, 성공의 기운이 느껴지는 사람을 만나고 싶어 한다. 부정적인 말을 많이 쓰고 비판을 많이 하는 사람과 이야기를 하면 이런 이야기를 듣는 사람도 부정적이 되고, 덩달아 기분이 나빠지게 되는 것이다.

테레사 수녀는 "당신을 만난 모든 사람이 당신과 헤어질 때는 더 나아지고, 더 행복해질 수 있도록 하라."고 이야기했다. 어떻게 보면 자신을 통해서 행복을 전파하고 그 행복을 통해서 자신 또한 더 행복해질 수 있음을 말하는 것이다. 누구나 들어본 '행복을 나누면 배가 되고, 슬픔을 나누면 반이 된다.'는 말 또한 좋은 일을 함께하고, 배움을 함께하며, 행복을 함께할 때 더 큰 성장과 행복이 찾아온다는 진실을 다시 한 번 일깨워 준다.

여기서 우리는 잠깐 생각해봐야 할 것이 있다. 행복을 주는 것과 행복을 받는 것 중 어느 것이 더 중요할까? 사람마다 생각이 다를 수 있지만 나는 행복을 주는 것이 더 중요하다고 생각한다. 고기를 먹어 본 사람이 잘 먹듯이 '어떻게 하면 행복해지고, 어떻게 하면 불행한지를 경험한 사람'이 주위의 사람들을 더 행복하게 만든다. 자신이 행복한 사람만이 진정으로 다른 사람의 행복을 기원해줄 수 있으며 슬픔도 안아줄 만큼 마음이 넓어야 나눌 수 있다는 이치인 것이다. 그렇기 때문에 우리는 '자신'에게 모든 것을 집중해야 한다.

나에게는 직장에서 일을 하거나 사람을 만날 때 자신을 다스리는 몇 가지 습관이 있다.

습관 1) 긍정적으로 마무리하자.
직장에서 많은 사람들은 일에 대한 두려움과 스트레스를 제대로 해소하지 못한다. 더불어 일에 대한 두려움 때문에 자신의 마음속을 자세히 들여다볼 여유가 없어지게 된다. 여유가 없어지면 항상 무엇인가에 쫓기게 되는 느낌을 받게 된다. 이런 느낌은 초조함을 유발하고 자신의 마음속에 감사, 존경, 배려 같은 긍정적인 마음이 자리할 수 있는 공간을 앗아가 버린다.

그럼에도 불구하고 우리는 항상 감사하고, 배우는 자세를 통하여 남을 존중하고 배려해야 한다. 이런 마음은 자신의 마음을 너그럽게 만들어서 상대방의 조그만 실수를 이해하고, 좋은 상황으로 이끌어 나갈 힘을 주게 된다.

특히 마무리가 중요하다. 나의 경우에 열띤 토론이나 회의, 사람들과 만나서 헤어질 때, 일이 끝났을 때 항상 긍정적으로 마무리하는 습관이 있다. 긍정적인 습관은 일에 대한 서로의 만족감을 주며 사람에 대한 신뢰와 좋은 이미지를 남게 한다. 그리고 결국에는 긍정적인 마무리가 자신에게 행복한 기운으로 돌아오는 것이다.

습관 2) 메모하고 정리하자.

'제대로 일을 한다.'는 것은 끊임없이 생각하여 문제를 해결하고, 해결하는 과정에서 배움을 얻어 자신을 성장시키는 것을 뜻한다. 수많은 일속에서 자신을 성장시키고 일을 지배하기 위해서는 생각과 배움을 극대화하는 방법이 필요하다. 그 방법이 바로 메모인 것이다.

'토마스 에디슨 5,000,000, 레오나르도 다빈치 7,000, 아이작 뉴턴 4,000' 이라는 숫자가 있다. 이 숫자에는 비밀이 숨겨져 있다. "무엇인 것 같은가?" 바로 그들이 남긴 '메모지의 숫자'다. 세기의 천재들도 메모를 통하여 자신의 모든 상상력을 기록하고, 성공과 실패의 교훈을 고스란히 남기면서 위대한 업적을 이루었다.

토마스 에디슨은 "자신이 남긴 모든 정보를 기록하라. 기록한 아이디어를 설명하기 위해 그림, 낙서, 스케치 등을 보완하라."는 말을 남길 정도로 메모의 중요성을 몸소 실천한 천재였다. 이런 메모와 정리하는 습관은 배움을 통한 통찰력을 길러준다. 문제의 본질을 뽑아내고 기회를 포착하는 힘도 메모와 정리를 통한 통찰력에서 나오는 것이다.

습관 3) 항상 웃는 환경을 만들자.

2016년 김제동 〈톡투유〉에 방청 사연을 보낸 적이 있다. 〈톡투유〉를 좋아하는 아내와 나를 위해 '저는 지켜야 할 게 너무 많습니다.'라는 주제로 방청사연을 보냈다. 아이들의 육아와 관련한 이야기를 보낸 사연 중에 일부다.

"김제동 형님! 저는 '인간이 환경의 지배를 받는다.'는 말이 싫습니다. 왠지 극복하지 못한다는 뉘앙스가 묻어있기 때문입니다. 하지만 환경이 잘 갖추어져야 한다는 말을 정말 공감합니다. 가정에서의 환경은 저와 아내의 소통으로 이루어 나갈 수 있습니다. 하지만 교육, 사회, 문화, 국가적인 환경은 어떻게 하나요?

영국은 사회적 교육기반과 환경이 튼튼하다고 합니다. 어떤 아이가 휴지통에 캔을 던졌는데 지나가는 어른이 "Hey boy"하면서 손가락으로 캔을 가리키니까 아이가 휴지통에 캔을 주워 넣었습니다. 그 모습을 보고 어른이 "Good job"하면서 웃으며 엄지손가락을 들어주었답니다. 참 부러운 사회였습니다.

저는 지켜주고 싶습니다. 백년대계를 짊어지고 나갈 우리의 청년과 아이들 그리고 우리의 부모세대와 저희 모든 세대가 공감하고, 욕심보다는 정도가 통하는 사회적인 환경을 만들어 주고 싶습니다. 제 꿈이 너무 큰가요? 김제동 형님! 지켜주기 위해 어떻게 해야 하나요?'

미래를 짊어지고 갈 아이들을 키우기 위해서는 가정환경과 사회적인 교육환경이 중요하듯 기업의 경쟁력을 키우기 위해서는 '직원들의 일하는 환경을 어떻게 만드느냐'가 중요한 것이다. 내가 중요하게 생각하는 업무환경은 자신이 항상 일을 하는 사무실에 자신의 미래에 도움이 되는 것을 채워야 한다. 책, 시, 꿈에 대한 이미지, 전체를 바라볼 수 있는 시각, 일과 삶의 균형을 위한 가족사진과 같은 것이 바로 자신의 미래를 위해 채워야 할 것들이다.

또한 마지막으로 채워야 할 것이 바로 웃음이다. 자신의 주위환경을 웃음으로 채워야 하며 인간관계에서도 항상 유쾌한 사람으로 인식되는 것이 중요하다. 행복한 사람은 행복한 사람을 끌어들인다. 그리고 행복을 끌어들이는 가장 쉬운 방법이 '웃음'이라는 것을 잊지 말아야 할 것이다.

회사에서 자신의 삶을 되돌아보면 기쁨과 화났던 일, 슬픔과 즐거움에 대한 많은 기억이 있을 것이다. 이런 기억이 어떤 사람은 값진 경험이 되고 성장의 발판이 되지만 어떤 사람은 힘들고 짜증나는 기억으로 자리 잡는다. 선과 악이 있고, 음과 양이 있듯이 모든 것은 양면성을 띠고 있다. 이런 경험에서 긍정을 선택하느냐 부정을 선택하느냐에 따라 성장의 차이는 발생한다. 이런 차이는 바로 어떻게 마음 먹느냐에 따라 결정되는 것이다.

세 아이의 아빠로서 아이들이 싸우거나, 토라지거나, 화가 났을 때 아이들에게 들려주는 이야기가 있다. 바로 동양의 현자인 고타마 붓다와 그의 제자에 대한 한 일화이다.

어느 날 붓다에게 한 제자가 물었다.

"제 안에는 두 마리 개가 살고 있는 것 같습니다. 한 마리는 매사에 긍정적이고 사랑스러우며 온순한 놈이고, 다른 한 마리는 아주 사납고 성질이 나쁘며 매사에 부정적인 놈입니다. 이 두 마리가 항상 제 안에서 싸우고 있습니다. 어떤 녀석이 이기게 될까요?"

붓다는 생각에 잠긴 듯 잠시 침묵을 지켰습니다. 그리고 아주 짧은 한마디를 건넸습니다.

"네가 먹이를 주는 놈이다."

일을 하다보면 누구나 힘들고 두려운 상황, 짜증나고 화나는 상황에 마주치게 된다. 이럴 때 당신은 어떤 개에게 먹이를 주는가? '사람은 행복하기로 마음먹은 만큼 행복하다.'라는 링컨의 말처럼 직장에서의 행복도 나의 마음에 따라 결정된다. 어둠이 없다면 빛도 가치를 잃어버리듯이 어느 정도의 역경과 고난이 있어야 행복이 더 가치를 발하는 것이다. 어떤 상황에서도 마음의 주인이 바로 자신이라는 것을 잊지 않는다면 행복은 항상 여러분 곁을 지킬 것이다.

행복한 직장생활이
남은 인생을 결정한다

05 연애하듯
직장 생활하라

인생에서 가장 설렜던 때를 말한다면 대부분의 사람들은 사랑에 빠졌을 때라고 이야기할 것이다. 짝사랑, 첫사랑, 마지막 사랑이든 모든 사랑 앞에는 설렘이 있었다. 두근거리는 마음이 있었던 것이다. 이런 설렘이 있었기에 얼굴을 보면 미소가 떠오르고, 멋지고 예쁘게 보이고 싶었던 것이다. 떨어져 있으면 보고 싶은 애절함이 생기고, 만나면 헤어지기 싫은 것이다. 미치도록 보고 싶고, 미치도록 달려가고 싶은 게 바로 연애의 감정인 것이다.

이런 연애의 감정과 열정을 직장생활에 적용해보면 어떨까? 아마 아침에 일어나고 출근하는 내내 설렘이 생기고, 일을 하면서 싱글벙글 웃음이 나올 것이다. 일과 연애한다고 하면 "미친 거 아니야?"라고 말할 수 있지만 정말 자신의 일을 행복으로 가득 채운 사람들이 있다. 그들에게는 일이 인생의 행복이고, 사랑인 것이다. 나 또한 일과 연애를 하고 있는 중이고 일은 나에게 때로는 고난을 주지만 그것을 극복함으로 나에게 주어지는 성취감과 성장의 기쁨을 알기에 나는 일을 항상 사랑한다. 그리고 일과 연애하는 것이다.

그렇다면 이제부터 일을 즐기는 사람들이 직장에서 어떻게 찐하게 연애하는지, 그들이 행복의 주인이 되는 4가지 비법이 무엇인지 살펴보자.

비법 1) 꿈과 연애하라.

꿈은 절대 남이 대신해서 꿔주지 못한다. 오로지 자신이 스스로에게 묻고, 대답하며, 행동하면서 찾아가는 것이다. 이러한 꿈의 여정에는 반드시 일을 통한 성장이 필요하다. 일을 통한 작은 성장들이 모여야 진정한 꿈의 여정을 시작할 수 있는 것이다.

꿈은 어떻게 보면 열망이고 열정이다. 이 열망과 열정의 힘으로 자신의 꿈의 계단에 놓여 있는 새로운 일들을 하나하나 극복해나가고, 또 다른 도전을 준비해야 한다. 이런 일에 대한 도전과 성취로 보람을 느낄 때 진정한 일의 주인이 되고 꿈의 주인으로서 일과 제대로 된 연애를 하는 것이다.

'혼자 꾸는 꿈은 단지 꿈일 뿐이지만 함께 꾸면 그 꿈은 현실이 된다.'는 말이 있듯이 직장에서의 꿈의 여정에서 '함께'라는 말에 의미를 두어야 한다. 일을 통해 관계를 맺고 이런 관계의 힘이 모여서 더 큰 성과를 만들어 내는 것이다. 그렇기 때문에 직장에서의 꿈은 다른 사람과 연결되어 있고 이렇게 연결된 관계의 힘에서 꿈은 실현되는 것이다. 서로의 강점을 지지해주고, 약점을 보완해서 더 큰 일을 이루며, 고객의 만족을 통해 더 큰 회사로 성장시키는 비법이 바로 '함께 꿈과 연애하는 것'임을 잊지 말아야 한다.

비법 2) 기회와 연애하라.

자동차 공장의 특성상 여직원이 많지 않아 사내연애는 하늘에서 별 따기다. 심지어 남중, 남고, 공대를 나와서 자동차에 들어온 남자들은 거의 좌절이다. 나 또한 이런 과정을 거쳐 지금의 직장에 입사했다. 하지만 다른 팀의 팀장은 이런 여건 속에서 남다른 연애담을 이야기해주었다.

"나도 회사에 들어와서 보니 여자가 없었어. 그래서 생각했어. 내가 원하는 여자를 만나려면 어디에 가야 하나? 그러니까 '딱' 떠오른 곳이 은행이었어. 그래서 월급이 나오면 돈을 들고 은행으로 달려갔어. 그리고 은행창구에서 업무를 보는 분들 중에 내 가슴을 쿵쾅거리게 하는 여자에게 돈을 내밀어 저축을 해달라고 했어. 한 달에 여러 번 올 수 있도록 여러 통장을 만들었고, 꼬박꼬박 저축을 하면서 일주일에 몇 번씩 얼굴을 보게 되었지. 그리고 결국은 데이트를 하게 되었고, 결혼에 골인을 하게 된 거야. 결혼을 하고 나서 아내가 나에게 그러더군."

"당신을 처음 봤을 때는 정말 산적 같았어. 하지만 통장을 그렇게 많이 만들고 꼬박꼬박 저축하는 남자가 흔하지 않은데 이렇게 열성적으로 저축하는 남자라면 믿을 수 있겠다는 마음이 들었어. 그래서 산적 같은 자기와 결혼한 거야."

남자들만 우글우글한 곳에서 제대로 된 여자를 만나고 장가를 가려면 나를 설레게 만드는 여자가 있는 곳에 가야 하듯이 직장생활을 제대로 즐기려면 기회와 연애해야 한다. 기회와 연애한다는 것은 자신을 성장시키는 일을 찾아야 한다는 것이다. 기회는 아무 때나 오지 않는다. 주어진 일만 하는 것이 아니라 술자리도 참석하고, 총무도 해보며, 고참들과 여행도 다녀보면서 다양한 경험을 통해 기회라는 것이 어떻게 생겼는지를 알아가야 하는 것이다. 그리고 이런 경험과 기회를 보려는 습관이 모이면, 모든 것이 기회가 되는 세상을 살게 된다. 한마디로 '기회를 볼 수 있는 힘'이 설레는 직장생활을 하게 하는 비결인 것이다.

비법 3) 자신의 신념과 연애하라.

꿈과 기회를 찾았다면 그 다음에 필요한 것은 신념일 것이다. 신념은 자신과 꿈을 끝까지 믿는 힘이다. 이 힘이 없으면 절대 꿈은 이루어지지 않고, 기회는 찾아오지 않는다.

남다른 신념을 가진 세일즈맨의 특이한 성공스토리가 있다. 그의 이름은 '홍신념'으로 신문사의 광고 업무를 맡게 되었다. 보통 직원들은 광고를 유치하기 쉬운 곳으로 달려갔지만 홍신념은 직원들이 실패한 고객의 명단을 자신의 업무 대상으로 삼았다. 그리고 그는 고객들의 이름을 부르면서 "이번 달 안으로 당신은 저에게 광고지면을 사갈 것입니다."라고 수백 번 말했다. 이런 다짐에도 상인들은 반응은 냉랭했다. 아침마다 상점 문을 열면 바로 들어가 상인에게 자신이 일하는 신문사의 신문에 광고를 내어 달라고 부탁했지만 매번 돌아오는 것은 '싫다'라는 말 뿐이었다. 그런데 한 달이 지나고 두 달이 지나자 상인이 이야기를 했다.

"나는 자네의 광고지면을 사지 않았어. 자네는 이미 한 달이라는 시간을 낭비한 걸세. 도대체 이렇게 하는 이유가 무엇인가?"

홍신념이 대답했다.

"아닙니다. 저는 시간을 낭비하지 않았어요. 한 달 동안 저는 학교를 다닌 것과 같습니다. 당신은 바로 저의 선생님이셨고요. 당신은 계속해서 저에게 자신감을 느끼도록 훈련해 주셨습니다. 그래서 저는 끝까지 노력할 수 있었던 것입니다."

이 말을 들은 상인은 자기도 모르게 고개를 끄덕이면서 홍신념의 이야기에 감동을 받아 말했다.

"흠, 나 역시 자네의 말을 인정하네. 한 달 동안 나 역시 학교에 다닌 것과 같네. 물론 나의 선생님은 바로 자넬세. 자네는 나에게 결심을 끝까지 지켜낸 수업을 잘 해주었네. 두말할 것도 없이 이 수업은 나에게 돈보다 훨씬 가치 있는 것이었어. 그러니 내가 자네에게 고마움을 표현하는 의미로 자네 신문사의 광고지면을 사도록 하겠네. 내가 자네에게 지불하는 수업료일세."

홍신념은 쉽지 않은 광고영업을 통하여 고난을 통해 자신을 성장시키고 그 성장이 결실을 맺는다는 신념을 끝까지 지킴으로써 결국 자신이 원하는 성과를 이루었다. 그리고 그가 영업에 쏟은 기간 동안 하루하루 성장한 것이었다.

웰터 바조트는 "강한 신념에 의해서 강한 인간이 태어난다. 그리고 그것은 한층 더 인간을 강하게 한다."고 말한다. 신념을 가진 사람은 자신의 꿈을 쉽게 포기하지 않는다. 설령 절망이라는 어둠의 터널을 지날 때도 자신의 꿈을 향한 마음속의 한줄기 빛을 보면서 끝까지 달려간다. 그 마음속의 빛이 바로 '신념'이다. 그리고 신념을 가진 사람만이 스스로 꿈을 실현할 수 있는 것이다.

비법 4) 오늘과 찐하게 연애하라.

우리는 일, 가족, 사회 그리고 내가 엮여서 끊임없이 에너지를 주고받으며 바쁘게 하루하루를 살아간다. 때로는 사소한 감정에 휩싸여 큰일을 놓치고, 바쁜 나머지 가끔씩 가족과 이야기하며, 아주 가끔씩 자신과 대화하며 살아간다. 하지만 우리가 살아가는 오늘은 누구와 대화하고 싶어 하는가? 어느 누구의 인생도 아닌 자신의 인생이다. 바로 '오늘'은 나와 이야기하고 싶어 한다. 자신의 꿈과 이야기하고 자신의 일과 찐하게 이야기하고 싶어 하는 것이다.

직장에서 자신의 일에 미치지 않는다는 것은 아이들이 TV보면서 밥 먹는 것과 같다. TV보면서 밥을 먹으면 엄마가 정성스럽게 만든 밥이 어떤 맛인지, 무엇으로 만들었는지, 씹을수록 맛은 어떻게 달라지는지를 알 수 없다. 또한 가족들과 소소한 이야기나, 일상경험을 나누면서 얻을 수 있는 삶의 지혜와 서로의 성장을 나눌 수 없는 것이다. 마찬가지로 직장에서 자신의 일에 열정을 가지고 몰입하지 못한다는 것은 '경험을 통한 지혜와 함께 오는 기회에 눈뜰 수 없다.'는 것을 의미한다. 또한 '미래의 꿈과 연결된 오늘'이라는 시간의 주인으로 제대로 살고 있지 않다는 뜻이다. 오늘이라는 시간은 꿈과 기회에 신념을 더할 때 우리에게 최고의 선물을 선사하며, 빛나는 미래는 '오늘'로 이루어진다는 것을 명심해야 한다.

자신의 일과 연애하는 사람은 진정 행복한 사람이다. 설렘과 사랑으로 일을 바라본다는 것은 그 일을 가치 있게 생각한다는 것이다. 이런 일에 대한 진심은 고객과 회사 심지어 동료들에게도 영향을 미친다. 열정을 가지고 자신의 일과 연애하는 사람의 주위에는 행복과 에너지가 항상 함께한다. 이러한 에너지를 다른 사람이 보지 못하는 게 아니라 볼 수 있는 능력을 가진 사람만 볼 수 있다. 하지만 누군가 봐주지 않는다고 서운해 하지 않아도 된다. 꿈에 대한 열정과 신념으로 변해가는 하루하루를 당신은 알고 있기 때문이다.

06 미래를 향한
기대감으로 출근하라

직장인이라면 한 번쯤은 스트레스에 출근하기 싫은 마음이 든 적이 있을 것이다. 나의 경우도 무거운 몸을 일으켜 허둥지둥 출근을 하고, 잠에 취해 눈 비비며 하루 일과를 시작한 경험이 있다. 대부분의 직장인에게 아침과 출근길은 기대감보다는 삶의 무게로 더 다가오는 것 같다. 누군가는 출근의 무게감에 눌려 살고, 누군가는 그 무게를 이겨내기 위해 또 다른 준비와 각오를 한다. 같은 시간이지만 우리는 서로 다른 생각으로 하루를 여는 '소중한 아침'을 선택하는 것이다.

나에게 아침은 정말 소중하다. 보통은 5시에 일어난다. 잠을 좋아하지만 '인생을 변화시키는 새벽을 힘'을 확신하기에 굳이 새벽에 일어난다. 가끔 피곤할 때 아내가 "알람 좀 꺼."라는 말에 일어난 적도 있다. 잠이 깨면 늦둥이 막내와 아내의 단잠에 방해가 될까 조심조심 방문을 나선다.

화장실에서 간단한 세수를 하며 거울에 비친 부스스한 얼굴이지만 새벽에 일어난 대견함에 '엄지 척'으로 나에게 화답해준다. 냉장고의 찬물 한 잔을 마실 때면 잠들었던 세포들이 꿈틀하며 마지막 잠을 떨친다. 컴퓨터를 부팅하는 동안에 책을 펼친다. 책을 보면서 좋은 문장이 나오면 주제별 독서노트에 적거나 컴퓨터에 바로 기록을 한다. 지금은 이 책을 쓰고 있는 중이다. 쓰고 싶은 책의 목차가 완성되면 대부분 새벽시간 때 책 읽기와 집필을 하는데 집중한다.

6시 20분 알람이 울리면 출근준비를 한다. 6시 48분에 집을 나서면서 흐트러진 신발들을 정리하며 아침에 집을 나설 4학년 큰딸과 2학년 아들을 생각한다. 엘리베이터를 타고 내려갈 때면 거울을 보면서 새벽에 일어난 나를 칭찬하고, 오늘 하루를 다짐한다.

통근버스를 타러 가는 길을 '행복의 길'이라고 이름 지었다. 출근할 때는 행복한 하루를 다짐하고, 퇴근할 때는 지친 아빠의 모습을 털어내고 아이들에게 환한 모습을 보여주기 위해 행복의 길이라고 이름 지은 것이다. 나는 통근버스를 좋아한다. 통근버스를 기다리는 몇 분과, 통근버스를 타고 가는 30분 동안 책을 볼 수 있기 때문이다. 책을 보려면 독서등을 켜야 해서 운전기사에게 4년 전부터 부탁을 했다. 2달쯤 부탁을 하니 알아서 독서등을 켜주었다. 하지만 중간에 기사가 바뀌어서 또다시 두 달 동안 이야기해야 했다. 그래서 지금은 알아서 독서등을 켜주고, 인사도 잘 받아준다.

통근버스를 내려서 기숙사 식당에서 주로 아침을 먹는다. 기숙사는 산을 깎아서 지었기 때문에 오르막길을 올라가야 한다. 오르막길은 '행복을 위해 이겨내야 할 길'이라고 이름을 붙였다. 나는 5월에 이 길을 걷는 것을 제일 좋아한다. 숨이 찰 정도로 빠르게 이 길을 오르고 끝에 다다르면 산에 심어져 있는 아카시아 나무에서 뿜어져 나오는 향기가 온 몸을 감싼다. 그때 느끼는 아카시아 향기가 나에게는 '최고로 행복한 아침'을 선사해준다.

식당에 가면 국을 퍼 주시는 아주머니에게 제일 먼저 인사를 하고 밥을 먹는다. 일과 전에 책을 읽어야 해서 빠르게 밥을 먹는 편이지만 항상 수첩이나 읽을거리를 옆에 둔다. 아침 시간은 나의 생각이 여행하는 시간이기 때문에 그때그때 떠오른 좋은 생각을 잊지 않고 적기 위해서다. 시골에서 자란 나는 밥과 함께 따듯한 숭늉이 주는 또 다른 기쁨으로 식사를 마치고, 식기를 정리하는 아주머니에게 인사를 한 후 사무실로 향한다.

회사의 출입구를 지키는 경비원에게 "안녕하세요, 수고하세요."라는 인사를 하면 항상 따듯한 인사를 건네준다. 경비초소를 지나 사무실로 향하는 길에도 내가 지은 이름이 있다. 그 이름은 '폭소 길'이다. 회사에는 5개의 출입구가 있는데 내 나름대로 이름을 붙였다. 정문은 미소 길, 후문은 박장대소 길, 남문은 희소 길, 북문은 함박웃음 길, 기숙사는 폭소 길이라고 이름을 지었다. 회사에서 어려운 상황을 겪은 후에 '어떻게 하면 보다 즐겁게 일할 수 있나?'를 고민하다 내

나름의 의미를 부여한 것이다. 그래서 항상 기대감을 가지고 좋은 기분으로 회사에 출근을 하고 퇴근을 하고 있다.

내가 이렇게 새벽부터 출근까지 유난스럽게 자신과 대화하고, 의미를 부여하는 이유는 책을 쓰기 때문이다. 책 쓰기는 나에게 시간의 소중함을 일깨웠고, 모든 것이 기회가 되는 삶으로 나의 의식을 변화시켰다. 그래서 지금은 아침을 각오와 기대감으로 시작함으로써 나 자신이 얼마나 충만하고 즐거운 직장생활에 젖어가는지 몸소 느끼게 되었다.

가끔은 지친 몸으로 아침을 맞이한다. 하지만 내 주변에는 나의 미래를 바라보고 현실에 충실할 수 있도록 하는 아이들의 사진, 시 한 편, 다짐 한마디, 적극적으로 건네는 "안녕하세요?"라는 인사가 있기 때문에 가끔은 흔들려도 제자리를 빨리 찾을 수 있는 것이다.

"미래를 신뢰하지 마라, 죽은 과거는 묻어버려라, 그리고 살아있는 현재에 행동하라."고 롱펠로는 말했다. 과거의 잘못된 습관이나 행동은 현재의 행동으로만 바꿀 수 있으며 미래의 거창한 꿈도 현재의 한 발자국에서 시작되었다. 여기서 중요한 현재는 바로 '지금'이다. 그리고 지금이란 시간에 자신이 뭘 선택하고 행동하는가에 따라 1시간, 하루, 한 달, 일 년, 10년 후가 달라지는 것이다.

'일찍 일어나는 새가 벌레를 잡는다.'는 말이 있다. 자신의 소중한 일과 인생을 위해 철저한 '사전준비'가 필요하다. 그 사전준비는 새벽과 아침에 이루어진다. 새벽과 아침을 준비한 사람과 그렇지 않은 사람의 차이는 말하지 않아도 드러난다는 것을 명심해야 한다.

새벽과 아침을 철저히 준비하고 자신의 일에 대한 기대와 각오가 남다른 사람은 걸음걸이부터 다르다. 하루는 심한 장염 때문에 평소와는 다른 모습으로 사무실로 향하는 중이었다. "어디 아프세요? 매일 씩씩하게 걸어 다니시더니 오늘은 뒷모습이 많이 지쳐 보여요."라고 동료가 이야기하는 것이었다. 몸살 때문에 힘들게 걷기는 했지만 동료가 평소에 나를 매일 씩씩하게 봐줬다는 것이 나를 미소 짓게 했다. 그리고 이런 일이 일어난 후부터 나는 걸음걸이에 더욱 신경 쓰기 시작했다. 어렸을 때 항상 듣던 '씩씩하고 당당하게 가슴을 펴고'라는 말을 가슴에 새기며 한 걸음 한 걸음 나아간다. 그리고 그 한 걸음에는 도전이 있고, 도전 속에서 기회를 찾는 나의 다짐이 담겨있는 것이다.

늦은 밤에 보슬비가 내리는 공원을 달린 적이 있다. 흘러내리는 땀방울과 보슬비가 섞여서 온 몸을 감싸고, 밖으로 뿜어지는 거친 호흡과 물길을 헤치는 발자국 소리는 조용한 공원을 가득 메웠다. 뛰는 걸음을 잠시 가로등 밑에서 멈추었다. 가로등 불빛에 단풍이 항상 노랗게 물들고, 그 빛이 보슬비와 함께 내 어깨를 감싸며 식은땀을 닦아주었다. 지친 다리와 어깨에 어느새 밝은 희망이 자리한다. 시원한 바람이 귓불을 스치며 행복에 젖는다.

나는 고요함과 온전함을 느끼기 위해 밤에 달리는 것을 좋아한다.

이 시간은 하루의 성장을 마무리하는 '행복의 시간'이다. 자신의 성장을 느끼며 또 다른 하루를 이어갈 다짐을 하는 것이다. 또한 '새벽과 아침'은 미래를 준비하는 희망의 시간이다. 새벽은 희망을 안고 사는 사람들을 지지한다. 하루하루의 성장으로 자신이 원하는 미래를 열고 싶다면 그 길의 시작을 새벽과 아침의 희망으로 열어보는 것은 어떨까?

07 직장생활에 의미를
더하는 연습하기

카네기의 사무실에 한 점의 커다란 그림이 있었다. 해안으로 밀려왔다가 모래톱에 아무렇게나 처박혀 있는 한 척의 나룻배를 묘사한 그림이다. 이 그림은 미술가들의 혹평을 받았지만 엄청난 고가에 팔렸다. 그 이유는 무엇일까? 바로 그림 밑에 '반드시 밀물 때가 온다.'라고 쓰인 문구 때문이었다.

카네기는 이 문구를 평생의 좌우명으로 삼았다. '고난이 밀려와도 희망을 통해 밀물을 기다리며 밀물이 왔을 때 자신의 사명을 다해 큰 바다로 나갈 것이다.'라는 카네기의 정신이 이 그림에 담겨있었던 것이다. 그림이 가진 '의미'가 가치를 만든 것이었다.

나는 회사가 워크아웃 시절에 입사하여, 대주주가 두 번 바뀌고, 대량해고와 법정관리를 겪었다. 이런 험난한 길에서 많은 사람들이 자신의 자리에서 책임에 책임을 다해왔다. 나도 그중의 한 명이다.

'남은 자와 떠나는 자'라는 뼈아픈 경험 속에서 동료들이 더 행복해지기를 바라는 마음이 자연스럽게 생겨났다. 그래서 나에게 쌍용자동차는 행복해져야 할 책임을 가진 회사이고, 내 인생에 커다란 의미를 가진 회사인 것이다.

회사가 법정관리를 벗어난 이후 처음으로 신차인 X100(티볼리) 프로젝트를 진행할 때였다. 생산기술부문 전체가 혹서기와 혹한기를 빼고 아침마다 체조를 했다. 어느 날 아침에 갑자기 담당중역이 "서 과장! 서 과장이 책도 많이 읽고 하니까 아침체조 때 티볼리 프로젝트의 성공을 위하여 구호를 한번 해봐."라고 말을 했다. 처음에는 그냥 던진 말인 줄 알았다. 하지만 체조시간이 가까워지자 담당중역은 "잘 준비해서 해봐."라고 말을 했고, 그 말을 듣는 순간 '아! 해야 하는구나.'라는 생각이 확 들었다.

체조가 시작되고 체조를 하는 동안 온통 '무슨 말을 하지? 무슨 말을 하지?'라는 생각뿐이었다. 그리고 체조가 끝나고 중역은 "잠깐만 기다려 보세요."를 외치며 나에게 눈치를 주었다. 나는 50명 가까이 되는 동료들 앞으로 뛰어나가 동료들을 바라보았다. 그리고 이렇게 외쳤다.

"안녕하십니까? 서형덕입니다. 오늘부터 체조 후에 X100 프로젝트의 성공을 기원하고 다짐하는 구호를 하게 되었습니다. '구호준비' 하면 손을 들어주시고, 'X100 성공을 위하여 파이팅!'이라고 하면 '파이팅'을 세 번 외쳐 주시면 됩니다. 그럼 행복한 하루 되십시오."

"자! 구호준비. 구호 시작. X100 성공을 위하여 파이팅!"

"파이팅! 파이팅! 파이팅!"

그렇게 X100 프로젝트의 성공을 향한 어색한 아침구호는 시작되었다.

하지만 구호를 하고 난 이후에 문득 '아침의 소중한 시간에 동료들과 함께 마음을 모아서 의지를 다진다는 것은 쑥스러워 할 일이 아니라 최선을 다해야 하는 일이다.'라는 생각이 들었다. 그래서 X100프로젝트의 성공을 위한 '의미 있는 다짐'을 위하여 후배와 함께 구호 동영상을 제작하였다. 동영상을 본 동료들의 동작은 일주일이 지나자 통일되었으며, 단결된 하나의 목소리가 나오기 시작했다. 그리고 '내가 이렇게 말할 수 있는 시간에 뭔가 의미 있는 말을 전해줄 수 있다면, 누군가는 그 의미를 되새길 수 있지 않을까?'라는 생각이 들었다. 이런 생각에 명언을 찾고 의미 있는 이야기를 추가하기 시작했다. 처음에는 "오늘 하루 행복하세요."라는 멘트가 다였지만 시간이 지날수록 "오늘 하루가 우리 인생의 가장 젊은 날입니다. 행복한 하루 되십시오."라는 다양한 말로 아침 체조시간에 의미에 의미를 더해 갔다.

이렇게 한 달을 혼자서 50명의 사람들 앞에서 구호를 했고, 한 달이 지난 이후에는 부서별로 돌아가면서 구호를 외쳤다. 또한 생산현장 때문에 떨어져있는 같은 부문의 다른 팀도 아침구호를 시작했다. 아침구호는 뜨거운 여름과 추운 겨울에도 쉬지 않고 계속되었다. 결국 티볼리가 고객의 품으로 안긴 후에야 비로소 아침구호는 끝을 맺었다.

아침마다 울려 퍼지는 구호에 보답이라도 하듯 '2015년 티볼리의 돌

풍'은 그칠 줄 몰랐다. 열심히 일한 동료들의 땀이 결실을 맺은 것이었다. 또한 목청껏 외친 아침구호에 보답을 받은 것이라는 생각이 들었다.

아침구호를 포함하여 티볼리 프로젝트에는 의미가 있었다. '회사의 위기를 극복하고, 제대로 된 일터를 만들겠다는 의미'가 모두의 가슴속에 있었고, 이런 의미가 모두가 잊지 못할 '티볼리의 탄생'을 이끌었던 것이었다.

일과 직장생활에서 의미를 찾는 것은 무엇보다 중요하다. 심리학자인 빅터 프랭클은 현대 사회에 만연된 우울증, 중독증, 공격성도 결국 그 원인이 생물학적이나 사회적인 요인보다 '삶의 의미를 찾지 못하는 데서 기인한다.'고 이야기한다. 또한 이를 해결하기 위해서는 '자신의 삶을 사랑하고, 창조적인 활동을 하며, 용기와 자비로운 태도를 가짐으로써 보다 가치 있는 일에 의미를 부여해야 한다.'는 방법을 제시하였다. 즉 삶의 의미를 부여하는 과정에서 최고의 행복을 누리게 된다는 진실을 말한 것이다.

데일 카네기는 "작은 성공부터 시작하라. 성공에 익숙해지면 무슨 목표든지 할 수 있다는 자신감이 생긴다."라고 말했다. 누구나 작은 성공을 통하여 자신감을 갖고, 자신감을 통하여 더 크게 성장할 수 있는 기회를 만들 수 있다. 이런 경험을 통해 기회를 보는 눈을 키우며 또 다른 성취를 이룸으로써 자신의 삶에 끊임없이 의미의 씨앗을 뿌려야 하는 것이다.

"직장생활에 의미를 부여하는 방법에는 어떤 것이 있을까?"

직장생활의 행복은 '시간과 공간에 의미'를 부여하고, '일과 관계에 의미'를 부여하며, '배움에 의미'를 부여하는 것에 달려있다. 앞에서 이야기한 골든타임 또한 직장생활에 시간과 일에 대한 의미를 부여하는 방법을 다루고 있다. 아침과 새벽, 하루의 골든타임에 자신과 소통하고 끊임없이 성장함으로써 일에 대한 의미뿐 아니라 삶의 의미에 몰입하게 된다. 또한 공간에 의미를 부여함으로써 몰입과 여유와의 균형을 이루어 진정한 의미를 느끼는 균형 있는 삶을 살아야 하는 것이다.

자신의 일과 관계에서는 서로의 성장을 지지하고, 기회의 관점을 통하여 더 큰 의미를 부여하게 된다. 일과 관계의 목적은 '사람'이다. 사람에게 진심으로 다가감으로써 그 사람의 2인자가 되어야 하는 것이다. 2인자로 성심을 다해 일을 처리하고 보필하다보면 신뢰를 얻음과 동시에 자연스럽게 인정과 보상을 받게 된다.

공간은 어떻게 보면 우리 주변의 환경이다. 어떤 생각을 가진 사람이 주위에 있고, 자신이 일하는 사무실에 무엇을 두느냐가 자신의 미래를 결정하는 것이다. 더 이상 부정적인 사람에게 자신의 행복이 좌지우지되어서는 안 된다.

사무실은 즐거운 직장생활과 생각의 자유를 펼칠 수 있는 공간으로서 의미를 가져야 한다. 특히 나의 경우에는 사무실 책상을 매우 중요하게 생각한다. 아이들이 공부하는 교실이 아이의 생각을 좌우하는데 큰 영향을 미치듯이 사무실의 책상 또한 자신의 미래를 오르는 베이스캠프가 되어야 하는 것이다.

아침에 회의실에서 30분의 독서를 마친 후 책상에 앉는다. 책상의 왼편에는 책을 놓을 수 있는 받침대가 있고, 정면에는 세 아이의 사진을 시기별로 순서대로 볼 수 있게 코팅해서 만들어놓았다. 그 오른쪽에는 아인슈타인과 피터 드러커가 상상의 날개를 펼쳐주고, 거꾸로 된 시계는 나의 생각을 항상 흔들어놓는다. 힘들 때 나를 잡아주는 용기의 초대장과 마음의 안식을 가져다주는 시 한편도 걸려있다. 그리고 내가 소중히 생각하는 책꽂이 두 개가 오른 편에서 나를 바라본다. 전체 프로젝트의 주요 일정을 볼 수 있는 스케줄이 책상에 붙어 있다. 그리고 나는 이 책상에 '꿈과 행복'이란 의미를 부여했다.

배움에 대한 의미도 소중하다. 교육이나 세미나를 하거나 회의를 할 때 나는 항상 메모장을 가지고 다닌다. 교육과 자신의 생각에 창의성을 더하고, 역량의 폭발적인 성장을 일으킬 수 있는 기회라고 생각한다. 하지만 나는 메모하지 않는 독서와 공부는 진정한 공부라 생각하지 않는다. 메모와 글쓰기라는 창작활동을 통하여 두 번 세 번 자신의 머리에서 창조활동이 이루어짐으로써 진정한 지혜의 문을 여는 과정을 시작하기 때문이다. 이런 배움의 과정을 거쳐 내가 도착한 곳은 책 쓰기다. 내 인생에서 배움의 질이 현격히 달라진 시점도 책을 쓰기로 결심한 때다.

책을 쓰기 시작하면서 일을 처리하고, 사람을 만나고 이야기하며,

아이들과 노는 모든 시간이 나에게는 배움과 변화의 시간이 되었다. 책을 쓰면서 하루 24시간이 아닌 48시간을 살고 있는 것이다. 직장이라는 곳에서 정말 긴 시간 동안 인생의 의미를 찾아 헤맸다. 하지만 시간이 지날수록 늘어나는 일과 책임은 인생의 의미를 찾기 위한 시간을 앗아가 버린 경험을 나 또한 했다. 하지만 책을 쓰기 시작하면서 더 큰 의미가 생기기 시작했다. 회사에 다니는 사람들이 더 행복해지고, 일에서 의미를 찾도록 도와주는 '직장행복코치'가 되겠다고 결심한 것이다. 그리고 내가 직장에서 경험한 것을 토대로 나의 인생과 남의 인생이 하나로 연결되어 행복해질 수 있는 책을 쓰기 시작한 것이다.

관계에서는 윈윈이 중요하다. 사람이 하는 여행 중 가장 긴 여행이 무엇이라 생각하는가? 그것은 바로 머리에서 마음까지의 여행이다. 이성적인 생각이 아닌 상대의 입장과 처지를 생각하여 마음으로 다가가고, 서로가 의지하며 성장할 때 진정한 관계가 형성된다. 이런 관계는 마음과 마음을 연결하는 다리가 있을 때 만들어진다. 머리만으로는 절대 만들어 지지 않는다. 진심을 담은 인사, 따듯한 눈 맞춤, 토닥이는 어깨의 마음이 자신을 더 큰 사람으로 만들며, 마음으로의 여행을 시작하게 한다는 진실을 깨달아야 하는 것이다.

자신의 삶의 의미는 발견하는 것이 아니라 만들어가는 것이다. 자신의 주변에서 일어난 일들을 바라보고 어떻게 의미를 부여하는가에 따라 모든 것이 달라진다. 사람은 1초에 오감을 통해 받아들이는 정보는 1,100만 개가 된다. 이 중 40개 정도만 뇌에 저장된다고 한다. 이때 생각의 오류가 생기고 착각을 하는 경우가 생긴다. 이런 착각이 긍정적인 의미를 담은 착각이냐 부정적인 의미를 담은 착각이냐에 따라 우리의 인생은 180도 달라지는 것이다.

언젠가는 우리의 인생에 밀물이 온다. 벌써 왔는지도 모른다. 밀물을 이용하여 자신의 배를 미래의 큰 바다로 나가고 싶은 바람은 누구나 있다. 하지만 썰물의 부정적인 면만 바라봐서는 밀물의 힘을 이끌어 낼 수 없다. 썰물을 이겨내는 인내의 힘과 배움을 통한 준비만이 자신을 성장시키며 저 넓은 대양을 품을 수 있게 한다. 그리고 무엇보다 중요한 것은 밀물과 썰물에서 긍정적인 의미를 부여하는 자세이며, 배움을 통해 끊임없이 성장해야 한다는 것을 항상 잊지 않길 바란다.

08 행복한 직장생활이
남은 인생을 결정한다

"자기야! 우리 내년에 제주도 한 달 놀러갈까?"

"한 달? 그래 가자."

2015년에 늦둥이 셋째 딸을 출산했다. 막둥이 출산과 프로젝트 진행으로 바쁜 한 해를 보내던 중 아내는 나에게 제주도 한 달 여행을 제안했다. 그 제안은 듣는 순간 나는 무척 고마웠다. 서로가 지칠 때면 아내는 나에게 여행을 제안한다. 막둥이의 육아와 회사 일에 지쳐가던 우리 부부에게는 새로운 시간이 필요했고, 아내의 제안에 나는 바로 '콜'을 외쳤다. 이렇게 우리 다섯 가족의 제주도 한 달 살이 준비가 시작되었다.

회사에서는 8개월 전부터 "팀장님! 저 내년에 제주도 한 달 여행 갑니다."라고 이야기를 하자 "내년 일을 벌써 이야기 하냐?"라며 웃어 넘겼다. 여행 동안의 업무공백을 없애기 위해 사전에 일을 처리하고, 주말에도 일을 하며 차근차근 준비를 했다. 마침 3월에 연차계획을 보고하던 중 7월 말부터 8월 말까지 휴가계획을 보여드렸더니 "진짜 가는 거야? 책상 없어진다."하면서 너스레를 떨었다. 아내 또한 몇 달 전부터 여행 가방을 주문하고, 책을 사서 보며 여행계획을 세웠다. 그리고 한 달 전부터 가방에 짐을 싸기 시작했다.

"자기야! 왜 이렇게 빨리 짐을 싸?"라는 물음에 아내는 "준비하면서 설레고 즐겁잖아."라고 대답했다. 아이들도 나름대로 놀러 갈 곳, 먹고 싶은 것, 타고 싶은 것에 대한 계획을 세우고, 수영복도 입어보며 설레는 여행을 준비했다. 그리고 2016년 7월 28일 새벽 5시 '제주도로 출발'을 외쳤다. 그렇게 해서 다섯 가족의 '제주도 한 달 살이'를 하게 된 것이었다.

괴테는 '제일 행복한 사람은 하나의 인연에 종지부를 찍고 새로운 삶을 시작할 줄 아는 사람이다.'라고 말했다. 운동을 시작하고, 여행을 하며, 또 다른 도전을 준비한다. 이런 모든 일들은 새로운 삶을 위해 지금까지의 자신의 모습에 마침표를 찍는 것이다. 보다 더 나은 자신의 삶을 위해서는 익숙하지만 발전이 없는 자신과 이별해야 하기 때문이다.

제주도 한 달 살이는 우리 가족에게 어쩌면 익숙한 것을 버리고 낯선 곳에서 자신을 만나는 시간이었다. 서귀포에서 2주, 동쪽에서 2주를 보내면서 새로운 곳에서 새로운 아침을 맞이했다. 새로움, 호기심, 신기함, 아름다움, 경이로운 풍경, 다른 음식 모든 것이 새로움을 맞이하는 시간이었다.

여행이 주는 이런 새로움과 편안함은 우리 마음과 생각에 휴식을 주며, 자신과 마주하는 시간을 갖게 한다. 자신과 마주하는 시간은 열심히 달리기만 했던 자신에게, '너는 어디로 가니?', '지금 행복해?'라는 질문으로 다가왔다. '바쁨'이라는 일상 속에 묻혔던 소중한 사람들에게 감사하며, 자신의 일에도 감사할 수 있는 기회가 된 것이 바로 여행이었다.

지금 생각해보면 제주도 한 달 살이가 나에게는 또 다른 의미인 것 같다. 제주도 한 달 살이 이후 나에게는 어떤 신념이 생겼다. 그것은 바로 '여행하듯 일하자'였다. 그래서 모든 일을 설레는 여행처럼 바라보고 준비한다. 새로움과 변화에 움츠려들기보다는 즐기면서 도전할 수 있는 마음의 여유를 '일의 단절'을 통한 여행에서 찾았던 것이다.

더불어 여행에서 자신을 배움으로써 더 큰 자신으로 나아갈 준비를 시작하였다. 여행에서의 변화가 미래에 성장한 자신의 모습을 상상하며 더 큰 일을 준비하는 신념으로 더욱더 확고히 자리하기 시작한 것이다. 그리고 내가 나에게 던진 질문이 있었다.

'나는 무엇을 이루기 위해 태어났나? 나는 무엇을 할 때 행복한가?'

이런 질문을 던질 때면 아내가 생각나고 아이가 생각나고 부모님과 가족들 이외 많은 사람들이 생각났다. 그리고 그들이 행복함을 느끼고 나도 행복함을 느끼며 살아가기를 진심으로 원했다. 그리고 던진 또 다른 질문은 '모두의 행복을 위해 내가 무엇을 할 수 있을까?'였다. 어떻게 하면 모두가 행복할 수 있을까를 생각한 것이다. 그래서 얻게 된 것이 '자신을 사랑하고, 자신의 일을 사랑하며, 그 사랑을 주변에 전파하라.'는 결론이었다.

존 고든의 『에너지 버스』에서 보면 행복한 인생을 위한 10가지 룰이 나온다. 10가지 룰의 내용을 요약해보면 다음과 같다.

'긍정 에너지를 가득 실을 에너지 버스는 '열망', '비전', '집중'을 통해 올바른 방향으로 나아간다. 그 방향으로 인생을 살다 보면 멋진 승객을 태우기도 하고, 때로는 에너지 뱀파이어를 만나기도 한다. 하지만 에너지 버스의 운전자는 바로 '나' 자신이다. 불평과 불만을 가진 뱀파이어와 자신의 비전에 동조하지 않는 승객에게 당신의 에너지를 낭비하지 마라. 당신의 여행에서 자신의 에너지로 승객을 매료시켜 인생을 즐기기에도 부족한 시간이다. 당신의 승객을 사랑하고 목표를 향해 행복한 인생을 살아라. 마지막으로 잊지 말아야 할 것은 '당신 버스의 운전자는 당신 자신이다.'라는 사실이다.'

우리는 이미 많은 것을 가지고 있는 사람이다. 직장이 있고, 일을 통한 경험이 있고, 교육을 통한 배움을 있으며, 더 나은 미래에 대한 욕심도 가지고 있다. 하지만 자신이 진정 무엇을 가지고 있는지? 자신이 원하는 것을 위해 무엇을 해왔는지를 돌이켜볼 시간이 부족했던 것이다. 그리고 자기가 가진 수많은 경험과 능력을 현실이라는 테두리 속에 가뒀을지 모른다. 이제는 우리가 가진 것을 꺼내봐야 한다.

지금 자신의 모습을 보고 자신이 원하는 '남은 인생'을 꺼내봐야 한다. 현재 자신의 모습과 남은 직장생활, 남은 인생의 균형을 맞추어가야 하는 것이다. 나와 일, 가족과 사회라는 4개의 영역에서 삶의 균형을 맞추어야 한다. 균형 있는 삶의 가장 필요한 조건은 행복해질 수 있는 능력과 사랑할 수 있는 능력이다. 그리고 이 행복과 사랑을 만들어내는 능력은 우리 모두가 가지고 태어났다. 이제는 남은 인생을 위해 그것을 꺼내야 할 때인 것이다.

때로는 망설임, 의심, 소심함, 나약함, 공포가 우리 곁으로 다가온다. 하지만 이런 두려움은 우리의 마음에서 일어난 것이지 실제로 일어난 것이 아니다. 모두 거짓이다. 시간은 째깍째깍 쉼 없이 흘러간다. 다시 돌아오지 않을 소중한 자신의 시간을 일어나지 않은 두려움 속에 버려두는 것을 나의 가슴은 허락하지 않는다. "당신은 허락할 것인가?"

자신의 미래는 현재를 포기할 때 어두워진다. 즐거운 나, 행복한 가정, 행복한 직장, 행복한 사회 어느 하나 포기할 수 없다. 자신이 원하는 미래는 이 순간에 모든 것을 걸 때만 서서히 나타난다. 지금까지 당신이 살아온 것은 포기하지 않고 순간순간을 살아온 결과다. 그 과정에 때론 절망과 시련이 함께 했지만 그 시련이 언젠가는 행복의 씨앗으로 변한다. 그리고 우리는 자신이 허락한 승객들과 '잊을 수 없는 행복한 춤'을 추면 되는 것이다.

사람은 누구나 태어나면서 행복과 시련을 5:5의 비율로 가지고 태어난다. 하지만 자신의 삶을 사랑하는 용기를 가지는 순간 시련은 행복의 씨앗으로 바뀐다. 행복은 도달하는 목표가 아니라 꿈을 향해 건너가면 피어나는 향기로운 꽃인 것이다. 그리고 그 꽃은 여러분의 곁에서 '오늘'도 피어나고 있다는 것을 느끼길 간절히 바란다.

당신은 항상 행복을 선택할 수 있다

세 아이의 아빠, 40대 가장인 나는 아이들 교육에 관심이 많다. 그래서 요즘 자주 귀에 들리는 단어가 있다. 바로 '자존감', '회복탄력성'이라는 단어다. 회복탄력성은 고난과 힘듦을 끈기로 이겨내어 옳은 방향으로 나아가기 위해 꼭 필요한 힘이다. 이런 회복탄력성은 자존감 안에 포함되어 있는 것으로 자존감이 강한 아이일수록 회복탄력성이 좋다.

요즘 자존감에 관련된 책들을 많이 만날 수 있다. 자존감에 관련된 책들이 선풍적인 인기를 끌고 있는 이유는 '고난에 대처할 수 있는 힘'에 대한 중요성 때문이다. 아이들은 집과 학교, 사회라는 세상에서 도전과 고난을 함께한다. 이런 세상의 무대에서 제대로 성장하기 위해서는 아이의 자존감과 회복탄력성을 키우는 것이 정말로 중요한 교육의 목적이 되어야 한다.

꿈을 향한 길에는 7:3의 법칙이 존재한다. 자신이 좋아하는 7을 얻기 위해서 싫어하는 3을 용기를 가지고 끈기 있게 해내야 한다. 꿈을 위해 용기가 필요하지만 꿈길에서 꿈을 이루기 위해서는 '끝까지 해내는 힘'이 더 중요하다. 이런 이유로 아이들도 자기가 좋아하는 7을 얻기 위해서 싫어하는 3을 감내할 수 있는 끈기, 고난 속에서 스스로에게 힘을 불어넣어 줄 수 있는 자존감이 필요한 것이다.

'회복탄력성, 자존감, 용기, 끈기' 이 모든 것은 생각에서 출발한다. 우리 주위에 발생하는 모든 현상을 어떻게 의식하느냐에 따라 생각의 성장속도가 결정된다. 그래서 현재의 상황을 부정적인 생각으로 바라보는 것이 아닌 긍정적인 기회로 의식하는 것이 중요한 것이다. 또한 이런 의식적인 생각이 습관이 되도록 노력해야 한다. 습관은 현재의 상황을 바꿀 수 있고, 변하지 않는 자신의 인생을 변화시키는 가장 확실한 방법이기 때문이다.

아이들의 올바른 성장을 위해서는 생각의 씨앗이 필요하다. 아이들이 제대로 성장하기 위해서는 스스로 생각의 씨앗을 뿌리고 자신의 성장을 느낄 수 있는 기회를 가져야 한다. '스스로 행복을 선택할 수 있는 힘'은 생각의 씨앗을 어떻게 뿌리는가에 따라 좌우되는 것이다.

어른들도 마찬가지다. 어른들도 자신의 인생에 자존감, 회복탄력성, 용기, 끈기를 더해야 한다. 이런 자신의 생각을 키우기 위한 올바른 씨앗을 매 순간 뿌려야 한다. 직장이 아닌 자신의 평생직업과 사명을 위해 생각의 씨앗을 뿌려야 하는 것이다.

우리는 직장이 아닌 직업을 가져야 하는 시대에 살고 있다. 이런 이유로 누가 뭐래도 직장은 우리 인생의 1막이지 결말이 될 수는 없다. 하지만 1막이 잘못되면 결말을 해피엔딩으로 마무리할 수 있는 방법을 제대로 배울 수 없다. 그래서 떠날 것이 아니라면 우선 제대로 1막을 마쳐야 하는 것이다.

'생각은 모든 것과 연결되어 있다.'고 한다. 우리주변의 물건, 보고서, 일, 사람 등 모든 것은 누군가의 생각으로 연결되어 만들어진 것이다. 당신이 있는 지금의 자리도 당신의 생각이 만든 자리이다. 당신이 겪는 일, 당신의 일, 당신의 가정, 모든 것들이 당신의 생각에 의해 만들어진 것이다.

만약 당신의 생각이 지금의 일을 거부하고 짜증을 낸다면 어떻게 될까? 아마도 당신의 현재의 일과 당신의 미래를 연결하는 것이 힘들 것이다. 한마디로 지금의 일과 당신의 미래를 연결시키는 '관점의 전환'을 당신은 경험하지 못하고 있는 것이다.

하지만 너무 부담가지지 말고, 너무 걱정하지 않았으면 한다. 당신이 조금씩 성장한 사람이라면 언젠가 당신도 관점의 전환을 겪게 된다. 혹시 더 빨리 당신을 변화시키고 싶다면 주변을 둘러보라. 아마도 당신의 주변에서 당신과 다른 관점으로 당신의 미래를 지지해줄 사람이 틀림없이 있을 것이다. 혹시 없다면 나에게 연락을 해도 좋다.

나는 책을 통해 생각을 바꾸고, 관점을 바꾸며, 습관을 바꿨다. 책에서 읽은 내용들을 또 읽고 쓰고, 실천하면서 나 자신을 비췄다. 한 권, 두 권, 10권, 100권, 1000권이 넘는 책으로 나의 인생을 비추고,

나의 미래를 현재로 끄집어 왔다. 이런 과정에서 지금은 매일 나의 목표를 적고, 오늘의 할 일에 집중하기 위한 나만의 방식들을 만들었다.

나 또한 그 당시가 힘들지 않았다면 거짓말이다. 누구나 힘든 시절이 오면 성장을 하게 되고, 그 성장의 과정에서 자신의 꿈이 더욱더 선명해진다. 그리고 자신만의 가치를 창출할 수 있는 시스템을 만들기 시작한다.

자신의 가치는 누구도 평가해서는 안 된다. 자신이 평가받는다면 그것은 '세상의 눈으로 본 가치'이지 '자신이 판단한 가치'가 아닌 것이다. 그리고 '스스로의 가치를 어떻게 판단하는가?'는 무척 중요하며, 그 판단에 따라 자신의 미래가 결정되는 것이다.

마지막으로 한 가지를 기억해줬으면 한다.

'당신이 하고 있는 일, 당신이 바라는 모든 것을 느끼고 또 느껴라. 만약 고난의 파도를 만나면 당신은 큰 바다로 나갈 수 있는 기회라는 것을 생각하라. 만약 힘든 때가 오면 뒤집어서 자신의 고난을 이겨내고 멋지게 비상하는 자신을 상상해야 한다. 그리고 자신을 끝까지 믿는 것이다.' 그리고 자신에게 말해줘라.

'내가 지금까지 이렇게 잘 성장해왔잖아. 지금도, 내일도, 미래도 나는 그럴 거야.'

그리고 자신을 굳게 믿어라.

'당신은 정말 소중한 사람이고, 당신은 항상 행복을 선택할 수 있다.'